100 Ejercicios para aprender NumPy.

Introducción:

El procesamiento de datos y el cálculo numérico son piedras angulares en la ciencia de datos, la ingeniería y diversas disciplinas científicas. NumPy, una potente librería de Python, ha revolucionado la forma en que se manejan los arreglos numéricos y las operaciones matemáticas.

Con su capacidad para trabajar con arreglos multidimensionales y realizar cálculos eficientes, NumPy se ha convertido en un componente esencial en el ecosistema de Python para la computación científica.

Este libro está diseñado como una guía práctica para aquellos que buscan mejorar sus habilidades en NumPy.

Ofrece una colección de 60 ejercicios graduales que abarcan desde conceptos básicos hasta técnicas más avanzadas. Cada ejercicio está diseñado para proporcionar una comprensión profunda de las capacidades de NumPy a través de situaciones prácticas y desafiantes.

Índice

Capítulo 1: Introducción a NumPy.   7
   Manipulación de Arrays en NumPy   10
   Operaciones Matemáticas en NumPy   12
   Indexación Avanzada y Slicing en NumPy   14
   Broadcasting en NumPy   16
   Optimización y Rendimiento en NumPy   18
Capítulo 2: Uso y Aplicaciones de NumPy   21
   Integración de NumPy con otras Librerias   23
Capítulo 3: Ejercicios Utilizando NumPy   26
   Ejercicio 1: Cálculos Estadísticos Básicos   26
   Ejercicio 2: Análisis de Datos Financieros   27
   Ejercicio 3: Manipulación de Datos con NumPy   28
   Ejercicio 4: Manipulación de Datos con NumPy   30
   Ejercicio 5: Gráfico de Líneas   31
   Ejercicio 6: Diagrama de Barras   32
   Ejercicio 7: Resolución de Ecuaciones Lineales   33
   Ejercicio 8: Interpolación de Datos   34
   Ejercicio 9: Cálculo de Derivadas   35
   Ejercicio 10: Normalización de Datos   37
   Ejercicio 11: Manejo de Valores Faltantes   37
   Ejercicio 12: Codificación One-Hot   38
   Ejercicio 13: Operaciones con NumPy y pandas   39
   Ejercicio 14: Generación de Datos con NumPy y pandas   40
   Ejercicio 15: Gráfico de Línea con NumPy y Matplotlib   41
   Ejercicio 16: Gráfico de Dispersión con NumPy y Matplotlib   42
   Ejercicio 17: Optimización con SciPy   43
   Ejercicio 18: Álgebra Lineal con SciPy   43
   Ejercicio 19: Estadísticas con SciPy   44
   Ejercicio 20: Análisis de Datos con NumPy y pandas   45

Ejercicio 21: Visualización de Datos con NumPy y Matplotlib 45
Ejercicio 22: Álgebra Lineal con NumPy y SciPy 46
Ejercicio 23: Preprocesamiento de Datos con NumPy y pandas 47
Ejercicio 24: Estadísticas con NumPy y pandas 47
Ejercicio 25: Generación de Matrices Específicas 48
Ejercicio 26: Operaciones Avanzadas de Álgebra Lineal 49
Ejercicio 27: Creación de Datos con Patrones Específicos 50
Ejercicio 28: Operaciones de Manipulación de Datos 50
Ejercicio 29: Manipulación de Datos Avanzada 51
Ejercicio 30: Generación de Datos Aleatorios Avanzados 52
Ejercicio 31: Manipulación de Datos con Estructuras Avanzadas 52
Ejercicio 32: Operaciones de Álgebra Lineal Avanzadas 53
Ejercicio 33: Manipulación de Datos con Funciones Avanzadas 54
Ejercicio 34: Operaciones Avanzadas de Álgebra Lineal 55
Ejercicio 35: Clasificación con scikit-learn 56
Ejercicio 36: Regresión con scikit-learn 57
Ejercicio 37: Red Neuronal con TensorFlow **58**
Ejercicio 38: Red Neuronal con PyTorch 59
Ejercicio 39: Cargar y Mostrar una Imagen con OpenCV 61
Ejercicio 40: Detección de Bordes en una Imagen con OpenCV 62
Ejercicio 41: Cálculo de Derivadas 62
Ejercicio 42: Resolución de Ecuaciones Simbólicas 63
Ejercicio 43: Álgebra Lineal Simbólica 64
Ejercicio 44: Procesamiento de Datos con Dask Arrays 65
Ejercicio 45: Procesamiento de Datos con Dask DataFrames 65
Ejercicio 46: Computación Distribuida con Dask 66
Ejercicio 47:Graficar una Función Senoidal 67
Ejercicio 48:Manipulación de Datos Tabulares 67
Ejercicio 49: Ajuste de Curvas 68
Ejercicio 50: Creación de un Modelo de Regresión 69
Ejercicio 51:Integrales Simbólicas 71
Ejercicio 52: Dibujar y Mostrar una Imagen con OpenCV 71
Ejercicio 53: Clasificación con KNN 72

Ejercicio 54: Manipulación de Datos Tabulares	73
Ejercicio 55: Creación de una Red Neuronal Simple	74
Ejercicio 56:Optimización de Funciones	75
Ejercicio 57: Análisis de Datos Meteorológicos	76
Ejercicio 58: Procesamiento de Imágenes Médicas	76
Ejercicio 59: Análisis de Datos Financieros	77
Ejercicio 60: Procesamiento de Datos de Sensores	78
Ejercicio 1: Creación y Manipulación de Arrays	79
Ejercicio 2: Operaciones Matemáticas	81
Ejercicio 3: Indexación y Slicing	82
Ejercicio 4: Funciones Universales (ufuncs)	83
Ejercicio 5: Manipulación de Datos	85
Ejercicio 6: Álgebra Lineal	86
Ejercicio 7: Estadísticas	87
Ejercicio 8: Integración con Pandas	88
Ejercicio 9: Broadcasting	89
Ejercicio 10: Trabajando con Archivos	90
Ejercicio 11: Indexación Avanzada	91
Ejercicio 12: Más Broadcasting	92
Ejercicio 13: Manipulación de Ejes	93
Ejercicio 14: Manipulación de Datos Faltantes	94
Ejercicio 15: Operaciones en la Diagonal	95
Ejercicio 16: Operaciones en Matrices	96
Ejercicio 17: Funciones de Agregación	97
Ejercicio 18: Cálculo de Distancias	98
Ejercicio 19: Transformaciones de Datos	99
Ejercicio 20: Operaciones con Múltiples Arrays	100
Ejercicio 21: Transformaciones de Forma	101
Ejercicio 22: Manipulación Avanzada de Índices	102
Ejercicio 23: Estadísticas Descriptivas	104
Ejercicio 24: Interpolación	105
Ejercicio 25: Operaciones con Máscaras	106
Ejercicio 26: Ordenación Avanzada	107

Ejercicio 27: Producto y Suma de Arrays	108
Ejercicio 28: Operaciones con Datos Faltantes	109
Ejercicio 29: Aplicación de Funciones	110
Ejercicio 30: Reducción a lo Largo de Ejes	111
Ejercicio 1: Operaciones de Transformación de Datos	112
Ejercicio 2: Agrupación y Estadísticas	113
Ejercicio 3: Operaciones Avanzadas con Broadcasting	114
Ejercicio 4: Descomposición en Valores Singulares (SVD)	115
Ejercicio 5: Aplicación de Funciones Personalizadas	117
Ejercicio 6: Interpolación en 2D	118
Ejercicio 7: Creación de Matrices Diagonales	120
Ejercicio 8: Cálculo de Distancias en 3D	121
Ejercicio 9: Cálculo del Determinante de Matrices Grandes	122
Ejercicio 10: Optimización de Cálculo de Producto de Matrices	123

Capítulo 1: Introducción a NumPy.

¿Qué es NumPy?

NumPy, abreviatura de "Numerical Python", es una librería fundamental en Python diseñada para realizar operaciones matemáticas y numéricas de manera eficiente. Su principal componente es el objeto array, el cual permite almacenar datos de manera homogénea y realizar operaciones vectorizadas sobre estos datos. NumPy es esencial en campos como la ciencia de datos, la ingeniería, la física, entre otros, debido a su capacidad para manejar grandes conjuntos de datos numéricos de manera eficiente.

Historia y Contexto

NumPy se originó a principios de los años 2000 como un proyecto para proporcionar capacidades de cálculo numérico eficientes en Python. Surgió como una respuesta a las limitaciones de las listas estándar de Python en términos de rendimiento en operaciones numéricas y manipulación de grandes cantidades de datos. A lo largo de los años, NumPy ha evolucionado y se ha convertido en un pilar esencial del ecosistema de Python para computación científica y numérica.

Ventajas de NumPy

La principal ventaja de NumPy radica en su capacidad para trabajar con arrays multidimensionales y realizar operaciones sobre estos arrays de manera eficiente. A diferencia de las listas de Python, los arrays NumPy están optimizados para operaciones numéricas y permiten el uso de funciones vectorizadas que mejoran significativamente el rendimiento. Además, NumPy ofrece una amplia gama de funciones matemáticas y herramientas para trabajar con estos arrays, lo que lo hace ideal para el análisis de datos y la computación científica.

Estructuras de Datos en NumPy

En NumPy, el objeto fundamental es el array, que es una estructura de datos que almacena elementos del mismo tipo en una cuadrícula multidimensional. Estos arrays pueden ser de una dimensión (vectores), dos dimensiones (matrices) o de mayor dimensionalidad. Los arrays NumPy permiten realizar operaciones matemáticas y lógicas eficientemente en conjuntos de datos, lo que los hace indispensables para aplicaciones numéricas y científicas.

Instalación y Configuración

NumPy se puede instalar fácilmente utilizando herramientas como pip o conda. Para instalar NumPy con pip, se puede ejecutar el comando `pip install numpy`. Para entornos más complejos, como entornos virtuales o administradores de paquetes como conda, hay opciones específicas para instalar NumPy de manera que se ajuste a las necesidades del proyecto.

Primeros Pasos

Crear un array NumPy es sencillo. Se puede comenzar creando un array a partir de una lista de Python usando `numpy.array(lista)`. Una vez creado, se pueden realizar operaciones básicas como suma, resta, multiplicación y división de manera eficiente, ya que NumPy implementa estas operaciones de manera optimizada para arrays.

Indexación y Slicing

Los arrays NumPy admiten técnicas avanzadas de indexación y slicing que permiten acceder a elementos individuales o secciones específicas de un array. Esta capacidad es fundamental para manipular y trabajar con arrays multidimensionales de manera efectiva, permitiendo seleccionar y modificar elementos de forma eficiente.

Funciones y Métodos Básicos

NumPy ofrece una amplia gama de funciones y métodos para realizar operaciones matemáticas y estadísticas en arrays. Desde funciones simples como `np.sum()` para sumar elementos hasta `np.reshape()` para cambiar la forma de un array, estas funciones son herramientas poderosas para manipular y analizar datos de manera eficiente.

Vectorización y Eficiencia

La vectorización es una técnica clave en NumPy que permite aplicar operaciones a un array completo sin la necesidad de utilizar bucles explícitos. Esta técnica mejora significativamente la eficiencia de los cálculos al utilizar las capacidades intrínsecas de NumPy para trabajar con arrays de datos.

Ejemplos de Aplicación

Para comprender mejor NumPy, se pueden explorar ejemplos prácticos, como cálculos matemáticos simples, manipulación de datos, generación de secuencias numéricas, entre otros. Estos ejemplos ayudan a los usuarios a entender cómo NumPy puede ser aplicado en situaciones reales y cómo puede facilitar operaciones numéricas complejas de manera sencilla y eficiente.

Manipulación de Arrays en NumPy

La manipulación de arrays es una parte fundamental de NumPy, permitiendo una flexibilidad excepcional para reorganizar, transformar y operar en los datos de manera eficiente.

1. Cambio de Forma (Reshape)

NumPy ofrece la capacidad de cambiar la forma de un array sin alterar sus datos subyacentes. La función `numpy.reshape()` permite reorganizar un array en una nueva forma especificada, manteniendo el mismo número total de elementos. Esto es útil para adaptar datos a diferentes formas necesarias para ciertos cálculos o aplicaciones.

```
import numpy as np

arr = np.arange(12) # Crear un array de 0 a 11
```

```
reshaped_arr = arr.reshape(3, 4) # Redimensionar a una
matriz 3x4

print(reshaped_arr)
```

2. Aplanamiento de Arrays (Flatten y Ravel)

Para convertir arrays multidimensionales en unidimensionales, NumPy ofrece dos funciones: `flatten()` y `ravel()`. Ambas operaciones producen un nuevo array unidimensional, pero `flatten()` devuelve una copia mientras que `ravel()` devuelve una vista del array original si es posible, lo que puede ahorrar memoria y tiempo de ejecución.

```
flattened_arr = reshaped_arr.flatten() # Aplanar el
array
raveled_arr = reshaped_arr.ravel() # Aplanar el array
manteniendo la vista original si es posible

print(flattened_arr)
print(raveled_arr)
```

3. Concatenación de Arrays

NumPy permite unir arrays a lo largo de diferentes ejes mediante la función `numpy.concatenate()`. Esto es útil para combinar arrays en una dimensión específica o para crear nuevos arrays a partir de arrays existentes.

```
arr1 = np.array([[1, 2], [3, 4]])
arr2 = np.array([[5, 6]])
```

```
concatenated_arr = np.concatenate((arr1, arr2), axis=0)
# Concatenar a lo largo del eje 0

print(concatenated_arr)
```

4. División de Arrays

La función `numpy.split()` permite dividir un array en múltiples sub-arrays a lo largo de un eje especificado. Esto es útil para separar grandes conjuntos de datos en secciones manejables.

```
arr = np.arange(9)
split_arr = np.split(arr, 3) # Dividir el array en 3 sub-arrays

print(split_arr)
```

Estas operaciones son solo el comienzo de las numerosas formas en que NumPy permite manipular arrays para adaptarse a las necesidades específicas de cada aplicación, facilitando la transformación y reorganización de datos de manera eficiente y precisa.

Operaciones Matemáticas en NumPy

NumPy proporciona una amplia gama de funciones y operadores para realizar cálculos matemáticos y estadísticos en arrays, lo que permite realizar operaciones de manera rápida y eficiente.

1. Operaciones Aritméticas Básicas

Los operadores aritméticos estándar de Python se extienden a los arrays NumPy, lo que permite realizar operaciones elemento por elemento de forma sencilla.

```
import numpy as np

arr1 = np.array([1, 2, 3])
arr2 = np.array([4, 5, 6])

# Suma, resta, multiplicación y división de arrays
sum_arr = arr1 + arr2
diff_arr = arr1 - arr2
mult_arr = arr1 * arr2
div_arr = arr2 / arr1

print(sum_arr)
print(diff_arr)
print(mult_arr)
print(div_arr)
```

2. Funciones Universales (ufuncs)

NumPy proporciona funciones universales (ufuncs) que operan de manera eficiente en todos los elementos de un array sin necesidad de bucles. Estas funciones incluyen operaciones matemáticas comunes como `np.sin()`, `np.cos()`, `np.exp()`, `np.log()`, entre otras.

```
arr = np.array([0, np.pi/2, np.pi])

sin_arr = np.sin(arr)
cos_arr = np.cos(arr)
exp_arr = np.exp(arr)
log_arr = np.log(arr + 1) # Evitar log(0) que resultaría
en -inf
```

```
print(sin_arr)
print(cos_arr)
print(exp_arr)
print(log_arr)
```

3. Operaciones de Álgebra Lineal

NumPy ofrece un conjunto completo de funciones para realizar operaciones de álgebra lineal, como la multiplicación de matrices, el cálculo de determinantes, inversas y descomposiciones.

```
matrix1 = np.array([[1, 2], [3, 4]])
matrix2 = np.array([[5, 6], [7, 8]])

# Multiplicación de matrices
mat_mult = np.dot(matrix1, matrix2)

print(mat_mult)
```

Estas operaciones matemáticas son solo un vistazo a las capacidades de NumPy para realizar cálculos numéricos y manipulaciones matemáticas complejas en arrays de manera eficiente, lo que lo convierte en una herramienta poderosa para el análisis de datos y la computación científica.

Indexación Avanzada y Slicing en NumPy

NumPy ofrece capacidades avanzadas de indexación y slicing que permiten acceder a elementos específicos o a secciones de un array de forma eficiente.

1. Slicing Básico

El slicing en NumPy es similar al de las listas estándar de Python, pero con capacidades adicionales para trabajar en múltiples dimensiones.

```python
import numpy as np

arr = np.array([[1, 2, 3], [4, 5, 6], [7, 8, 9]])

# Acceder a una fila específica
row_1 = arr[1] # Obtener la segunda fila (índice 1)

# Acceder a un elemento específico
element = arr[1, 2] # Obtener el elemento en la segunda fila y tercera columna

# Slicing para obtener subarrays
sub_arr = arr[:2, 1:] # Obtener las dos primeras filas y las columnas desde la segunda en adelante

print(row_1)
print(element)
print(sub_arr)
```

2. Indexación Booleana

Permite seleccionar elementos de un array basados en condiciones booleanas, lo que es útil para filtrar datos.

```python
# Crear un array booleano basado en una condición
bool_index = arr > 5 # Obtener un array booleano con valores True donde arr > 5

# Usar el array booleano para filtrar elementos
filtered_arr = arr[bool_index]
```

```
print(bool_index)
print(filtered_arr)
```

3. Indexación Fancy

La indexación fancy permite acceder a elementos o grupos de elementos utilizando listas o arrays de índices.

```
# Indexación fancy con listas de índices
indices = [0, 2]
fancy_indexing = arr[:, indices] # Obtener todas las filas para las columnas 0 y 2

print(fancy_indexing)
```

Estas técnicas de indexación avanzada y slicing en NumPy son fundamentales para trabajar con grandes conjuntos de datos y manipular arrays multidimensionales de manera eficiente y precisa. Permiten una flexibilidad considerable para seleccionar y manipular datos según las necesidades específicas del análisis o la aplicación.

Broadcasting en NumPy

El broadcasting es una técnica en NumPy que permite realizar operaciones entre arrays de diferentes formas de manera automática y eficiente, extendiendo automáticamente los arrays más pequeños para que tengan dimensiones compatibles con los arrays más grandes.

1. Reglas de Broadcasting

NumPy sigue reglas específicas para realizar broadcasting:

- Si los arrays tienen diferentes números de dimensiones, NumPy agrega dimensiones al principio del array más pequeño hasta que ambos tengan la misma cantidad de dimensiones.
- Las dimensiones de tamaño 1 en un array se pueden estirar o replicar para que coincidan con las dimensiones del otro array.

2. Ejemplo de Broadcasting

```
import numpy as np

# Crear un array de 4x3
arr1 = np.array([[1, 2, 3], [4, 5, 6], [7, 8, 9], [10, 11, 12]])


# Crear un array de 1x3

arr2 = np.array([0, 1, 2])

# Sumar arr2 a cada fila de arr1 usando broadcasting
result = arr1 + arr2

print(result)
```

En este ejemplo, `arr1` tiene forma (4, 3) y `arr2` tiene forma (3), pero gracias al broadcasting, NumPy es capaz de sumar `arr2` a cada fila de `arr1` automáticamente.

3. Casos de Uso

El broadcasting es útil en operaciones matriciales, operaciones de álgebra lineal y cualquier operación donde sea necesario realizar operaciones entre arrays de diferentes formas sin necesidad de crear copias de datos.

4. Consideraciones

Si bien el broadcasting es una herramienta poderosa, es importante comprender las reglas y cómo afectan los cálculos. Un uso incorrecto puede llevar a resultados inesperados o errores.

El broadcasting en NumPy simplifica en gran medida las operaciones entre arrays, permitiendo realizar cálculos de manera más concisa y legible sin la necesidad de expandir manualmente las dimensiones de los arrays, lo que facilita el trabajo con datos de diferentes formas y tamaños.

Optimización y Rendimiento en NumPy

La optimización del rendimiento en NumPy es fundamental para mejorar la eficiencia en el manejo de grandes cantidades de datos. Algunas estrategias y consideraciones clave incluyen:

1. Vectorización de Operaciones

NumPy está optimizado para realizar operaciones en arrays completos de manera eficiente. Evitar bucles explícitos y utilizar operaciones vectorizadas puede mejorar significativamente el rendimiento.

```
# Ejemplo de operación vectorizada en lugar de bucles
arr = np.arange(1000000)
result = arr * 2 # Operación en todo el array en lugar de usar un bucle
```

2. Uso de Vistas en lugar de Copias

Cuando sea posible, utilizar vistas (`views`) en lugar de crear copias de arrays puede ahorrar tiempo y memoria. Las vistas comparten los mismos datos subyacentes, lo que evita la necesidad de copiar los datos.

```
arr = np.arange(10)

view = arr[:5] # Crear una vista en lugar de una copia de los primeros 5 elementos

# Modificar la vista modificará también el array original
view[0] = 100
print(arr) # Se verá afectado por el cambio en la vista
```

3. Usar Funciones Optimizadas de NumPy

NumPy proporciona funciones optimizadas para cálculos matemáticos y operaciones numéricas. Utilizar estas funciones en lugar de implementaciones personalizadas puede mejorar el rendimiento.

```
# Ejemplo de uso de función optimizada en lugar de
implementación propia
arr = np.random.rand(100000)
sum_arr = np.sum(arr) # Uso de la función optimizada
np.sum() en lugar de sumar elementos manualmente
```

4. Utilización de Tipos de Datos Eficientes

Elegir el tipo de datos apropiado puede mejorar el rendimiento y ahorrar memoria. NumPy proporciona una variedad de tipos de datos, cada uno con diferentes capacidades de almacenamiento y rendimiento.

```
# Especificar el tipo de datos al crear arrays
arr = np.array([1, 2, 3], dtype=np.float32) # Uso de float32
en lugar de float64 para reducir el uso de memoria
```

La optimización del rendimiento en NumPy se centra en minimizar la sobrecarga computacional y la utilización de memoria, lo que permite manejar eficientemente grandes volúmenes de datos y realizar cálculos de manera más rápida y efectiva.

Capítulo 2: Uso y Aplicaciones de NumPy

1. Ciencia de Datos y Análisis Numérico

NumPy es fundamental en la ciencia de datos para el procesamiento, análisis y manipulación de datos. Se utiliza ampliamente en bibliotecas como pandas para trabajar con estructuras de datos, en matplotlib y seaborn para visualización y en scikit-learn para el aprendizaje automático.

```
import numpy as np
import pandas as pd

data = {'A': np.random.rand(100),
 'B': np.random.randint(0, 100, 100)}

df = pd.DataFrame(data)
mean_a = np.mean(df['A']) # Calcular la media de una columna usando NumPy
```

2. Procesamiento de Imágenes y Señales

En aplicaciones de procesamiento de imágenes y señales, NumPy permite realizar operaciones complejas en matrices que representan imágenes o señales.

```python
# Ejemplo: Procesamiento de imágenes con NumPy
import numpy as np
import matplotlib.pyplot as plt
from PIL import Image


# Cargar una imagen y convertirla a un array NumPy
img = Image.open('imagen.jpg')
img_arr = np.array(img)

# Aplicar una operación (por ejemplo, convertir a escala de grises)
gray_img = np.mean(img_arr, axis=2)

# Mostrar la imagen procesada
plt.imshow(gray_img, cmap='gray')
plt.axis('off')
plt.show()
```

3. *Simulaciones Físicas y Modelado Matemático*

En campos como la física y la ingeniería, NumPy se utiliza para simular sistemas físicos, resolver ecuaciones diferenciales y realizar modelado matemático.

```python
import numpy as np
import matplotlib.pyplot as plt

# Simulación de un sistema dinámico simple
t = np.linspace(0, 10, 1000)
x = np.sin(t) + np.random.normal(0, 0.1, 1000)

# Graficar la simulación
plt.plot(t, x)
```

```
plt.xlabel('Tiempo')
plt.ylabel('Amplitud')
plt.title('Simulación de Sistema Dinámico')
plt.show()
```

Estos ejemplos ilustran solo algunas de las muchas aplicaciones de NumPy en diversas disciplinas. La capacidad de NumPy para manejar eficientemente grandes conjuntos de datos y realizar cálculos numéricos complejos lo convierte en una herramienta invaluable en numerosos campos científicos y técnicos.

Integración de NumPy con otras Librerias

La integración de NumPy con otras librerías es una de sus fortalezas, ya que se puede combinar fácilmente con diferentes herramientas para ampliar su funcionalidad y utilidad en diversos campos. Aquí tienes algunos ejemplos de la integración de NumPy con otras librerías populares:

1. *Integración con pandas*

NumPy y pandas están estrechamente vinculados en el ámbito de la ciencia de datos. pandas se basa en gran medida en NumPy para la manipulación y el análisis de datos. Los DataFrames de pandas se construyen sobre los arrays de NumPy, lo que permite una integración fluida entre ambas librerías.

```
# Ejemplo: Integración de NumPy y pandas
import numpy as np
```

```python
import pandas as pd

# Crear un DataFrame de pandas a partir de un array de NumPy
data = np.random.randn(5, 3)
df = pd.DataFrame(data, columns=['A', 'B', 'C'])


# Realizar operaciones estadísticas con NumPy en un DataFrame de pandas
mean_A = np.mean(df['A'])
```

2. Integración con Matplotlib

Matplotlib es una librería de visualización en Python que también se integra muy bien con NumPy. Las operaciones con arrays de NumPy se pueden visualizar fácilmente utilizando las funciones de trazado de Matplotlib.

```python
import numpy as np
import matplotlib.pyplot as plt

# Crear datos utilizando NumPy
x = np.linspace(0, 10, 100)
y = np.sin(x)

# Graficar utilizando Matplotlib
plt.plot(x, y)
plt.xlabel('X')
plt.ylabel('Y')
plt.title('Gráfico de una función sinusoidal')
plt.show()
```

3. Integración con SciPy

SciPy se basa en gran medida en NumPy y amplía su funcionalidad al proporcionar funciones especializadas para tareas científicas y matemáticas más avanzadas, como optimización, álgebra lineal, estadísticas, entre otros.

```
# Ejemplo: Integración de NumPy y SciPy
import numpy as np
from scipy.optimize import minimize

# Función a minimizar
def func(x):
    return x**2 + 10*np.sin(x)

# Minimizar la función utilizando SciPy y NumPy
x0 = np.array([1.0])
result = minimize(func, x0)

print("Valor mínimo:", result.x)
```

Estos ejemplos muestran cómo NumPy se integra fácilmente con otras librerías en el ecosistema de Python, lo que permite aprovechar las capacidades específicas de cada librería para realizar tareas especializadas en análisis de datos, visualización, computación científica y más.

Capítulo 3: Ejercicios Utilizando NumPy

Ejercicio 1: Cálculos Estadísticos Básicos

Genera un array NumPy con datos ficticios representando las edades de un grupo de personas. Luego, realiza los siguientes cálculos estadísticos básicos:

- Calcula la media de las edades.
- Encuentra la mediana de las edades.
- Calcula la desviación estándar de las edades.
- Calcula la varianza de las edades.

```
import numpy as np

# Generar datos ficticios (edades)
edades = np.array([25, 30, 35, 40, 45, 50, 55, 60, 65, 70])

# Realizar cálculos estadísticos básicos
media_edades = np.mean(edades)
mediana_edades = np.median(edades)
desviacion_edades = np.std(edades)
varianza_edades = np.var(edades)

# Mostrar resultados
print("Media:", media_edades)
print("Mediana:", mediana_edades)
```

```
print("Desviación Estándar:", desviacion_edades)
print("Varianza:", varianza_edades)
```

Ejercicio 2: Análisis de Datos Financieros

Crea un array NumPy que represente los rendimientos diarios de una acción en el mercado financiero. Luego, realiza los siguientes cálculos estadísticos básicos:

- Calcula el rendimiento promedio diario.
- Encuentra la desviación estándar de los rendimientos diarios.
- Calcula la varianza de los rendimientos diarios.

```
import numpy as np

# Generar datos ficticios (rendimientos diarios de una
acción)
rendimientos_diarios = np.random.normal(0.001, 0.01,
252) # 252 días de operación

# Realizar cálculos estadísticos básicos
rendimiento_promedio = np.mean(rendimientos_diarios)
desviacion_rendimientos = np.std(rendimientos_diarios)
varianza_rendimientos = np.var(rendimientos_diarios)

# Mostrar resultados
print("Rendimiento Promedio Diario:",
rendimiento_promedio)
print("Desviación Estándar de Rendimientos Diarios:",
desviacion_rendimientos)
```

```
print("Varianza de Rendimientos Diarios:",
varianza_rendimientos)
```

Estos ejercicios te permitirán practicar la realización de cálculos estadísticos básicos con NumPy utilizando datos ficticios. Puedes adaptar los ejercicios y experimentar con diferentes conjuntos de datos para explorar más sobre el manejo de estadísticas con NumPy.

Ejercicio 3: Manipulación de Datos con NumPy

Supongamos que tenemos un conjunto de datos que representan las ventas mensuales de diferentes productos en una tienda durante un año. Queremos realizar algunas manipulaciones de datos utilizando NumPy:

- Crea un array NumPy que represente las ventas mensuales de cuatro productos (A, B, C y D) durante 12 meses.
- Encuentra el total de ventas de cada producto durante todo el año.
- Calcula el promedio de ventas mensuales para cada producto.
- Encuentra el mes con el mayor número de ventas para cada producto.

```
import numpy as np

# Datos ficticios de ventas mensuales (en miles de
unidades)
ventas_mensuales = np.array([
```

```python
    [120, 130, 110, 140, 150, 160, 180, 170, 190, 200, 210, 220], # Producto A
    [90, 100, 80, 110, 120, 130, 140, 150, 160, 170, 180, 190], # Producto B
    [80, 85, 75, 90, 100, 110, 120, 130, 140, 150, 160, 170], # Producto C
    [100, 110, 95, 120, 130, 140, 150, 160, 170, 180, 190, 200] # Producto D
])

# Total de ventas de cada producto durante todo el año

total_ventas = np.sum(ventas_mensuales, axis=1)

# Promedio de ventas mensuales para cada producto
promedio_ventas = np.mean(ventas_mensuales, axis=1)

# Mes con el mayor número de ventas para cada producto
mes_max_ventas = np.argmax(ventas_mensuales, axis=1) + 1
# Agregar 1 para obtener el número de mes (0-11 -> 1-12)

# Mostrar resultados
print("Total de Ventas por Producto:", total_ventas)
print("Promedio de Ventas Mensuales por Producto:", promedio_ventas)
print("Mes con Mayor Número de Ventas por Producto:", mes_max_ventas)
```

Este ejercicio te permite practicar la manipulación de datos utilizando NumPy, desde la creación de arrays hasta la realización de cálculos estadísticos simples sobre los datos. Puedes ajustar los datos de ventas y realizar más análisis según sea necesario para explorar más funcionalidades de NumPy en la manipulación de datos.

Ejercicio 4: Manipulación de Datos con NumPy

Supongamos que tenemos un conjunto de datos de calificaciones de estudiantes en diferentes materias a lo largo de un semestre. Queremos realizar algunas manipulaciones de datos utilizando NumPy:

- Crea una matriz NumPy que represente las calificaciones de 5 estudiantes en 4 materias (Matemáticas, Ciencias, Historia y Literatura).
- Encuentra la calificación más alta y más baja de cada materia.
- Calcula el promedio de calificaciones por estudiante en todas las materias.
- Encuentra el estudiante con la mejor calificación promedio.

```
import numpy as np

# Calificaciones de estudiantes en 4 materias (fila = estudiante, columna = materia)

calificaciones = np.array([
 [85, 90, 92, 88], # Estudiante 1
 [78, 85, 90, 85], # Estudiante 2
 [90, 92, 88, 95], # Estudiante 3
 [82, 80, 85, 88], # Estudiante 4

 [88, 85, 90, 92] # Estudiante 5
])
# Calificación más alta y más baja de cada materia
calificacion_maxima_por_materia = np.max(calificaciones, axis=0)
```

```
calificacion_minima_por_materia = np.min(calificaciones, 
axis=0)

# Promedio de calificaciones por estudiante en todas las 
materias
promedio_por_estudiante = np.mean(calificaciones, 
axis=1)
# Estudiante con la mejor calificación promedio
mejor_estudiante = np.argmax(promedio_por_estudiante) + 
1 # Agregar 1 para obtener el número de estudiante (0-4 
-> 1-5)
# Mostrar resultados
print("Calificación Más Alta por Materia:", 
calificacion_maxima_por_materia)
print("Calificación Más Baja por Materia:", 
calificacion_minima_por_materia)
print("Promedio de Calificaciones por Estudiante:", 
promedio_por_estudiante)
print("Mejor Estudiante (Número):", mejor_estudiante)
```

Este ejercicio te permite practicar la manipulación de matrices de datos utilizando NumPy para realizar cálculos y obtener estadísticas básicas. Puedes modificar las calificaciones y explorar más funcionalidades de NumPy para el análisis de datos según sea necesario.

Ejercicio 5: Gráfico de Líneas

Genera datos de dos series temporales ficticias utilizando NumPy y crea un gráfico de líneas utilizando Matplotlib para visualizar estas series en función del tiempo.

```
import numpy as np
import matplotlib.pyplot as plt
```

```python
# Generar datos ficticios de dos series temporales
tiempo = np.arange(0, 10, 0.1)
serie1 = np.sin(tiempo)
serie2 = np.cos(tiempo)

# Graficar las series temporales
plt.figure(figsize=(8, 6))
plt.plot(tiempo, serie1, label='Serie 1: Sin')
plt.plot(tiempo, serie2, label='Serie 2: Cos')

plt.xlabel('Tiempo')
plt.ylabel('Valor')
plt.title('Gráfico de Líneas de Series Temporales
Ficticias')
plt.legend()
plt.grid(True)
plt.show()
```

Ejercicio 6: Diagrama de Barras

Genera datos de ventas mensuales ficticias para diferentes productos utilizando NumPy y crea un diagrama de barras utilizando Matplotlib para visualizar las ventas mensuales de estos productos.

```python
import numpy as np
import matplotlib.pyplot as plt

# Generar datos ficticios de ventas mensuales de
diferentes productos
productos = ['Producto A', 'Producto B', 'Producto C',
'Producto D']
ventas_mensuales = np.random.randint(50, 200,
size=(len(productos), 12)) # Ventas para 12 meses
```

```
# Graficar las ventas mensuales de productos con un
diagrama de barras
plt.figure(figsize=(10, 6))
for i in range(len(productos)):
 plt.bar(np.arange(1, 13), ventas_mensuales[i],
label=productos[i])
plt.xlabel('Mes')
plt.ylabel('Ventas')
plt.title('Ventas Mensuales de Productos')
plt.legend()
plt.xticks(np.arange(1, 13), [f'Mes {i}' for i in
range(1, 13)])
plt.grid(axis='y')
plt.show()
```

Estos ejercicios te permiten practicar la visualización de datos utilizando Matplotlib junto con NumPy para generar datos ficticios. Puedes ajustar los datos y personalizar los gráficos según sea necesario para explorar más funcionalidades de visualización de datos con Matplotlib.

Ejercicio 7: Resolución de Ecuaciones Lineales

Supongamos que tenemos un sistema de ecuaciones lineales:

$$2x + 3y = 10$$
$$x - y = -1$$

Utiliza NumPy para resolver este sistema de ecuaciones lineales y encuentra los valores de

x e *y*.

```
import numpy as np

# Coeficientes de las ecuaciones
coeficientes = np.array([[2, 3], [1, -1]])
resultados = np.array([10, -1])

# Resolver el sistema de ecuaciones lineales

solucion = np.linalg.solve(coeficientes, resultados)

# Mostrar la solución
print("Solución del sistema de ecuaciones:")
print(f"x = {solucion[0]}, y = {solucion[1]}")
```

Ejercicio 8: Interpolación de Datos

Genera datos ficticios que representen puntos en una curva y utiliza NumPy para realizar la interpolación de estos datos, es decir, para estimar valores entre los puntos dados.

```
import numpy as np
import matplotlib.pyplot as plt

# Datos ficticios (puntos en una curva)
x = np.linspace(0, 10, 10)
y = np.sin(x)
```

```python
# Puntos de interpolación
x_interp = np.linspace(0, 10, 100)

# Interpolación utilizando NumPy
y_interp = np.interp(x_interp, x, y)

# Graficar datos y la interpolación
plt.figure(figsize=(8, 6))
plt.plot(x, y, 'o', label='Datos')
plt.plot(x_interp, y_interp, label='Interpolación')
plt.xlabel('X')
plt.ylabel('Y')
plt.title('Interpolación de Datos Ficticios')
plt.legend()
plt.grid(True)
plt.show()
```

Ejercicio 9: Cálculo de Derivadas

Utiliza NumPy para calcular numéricamente la derivada de una función en un punto dado utilizando diferencias finitas.

```python
import numpy as np
import matplotlib.pyplot as plt

# Función ficticia
def funcion(x):
    return x**2 + 2*x + 1

# Punto en el que se calculará la derivada
punto = 5
h = 0.0001

# Cálculo numérico de la derivada utilizando diferencias finitas
```

```python
derivada = (funcion(punto + h) - funcion(punto)) / h

# Mostrar el valor aproximado de la derivada
print(f"Aproximación de la derivada en x = {punto}: {derivada}")

# Visualizar la función y la tangente en el punto dado
x = np.linspace(0, 10, 100)
y = funcion(x)

tangente = derivada * (x - punto) + funcion(punto)

plt.figure(figsize=(8, 6))
plt.plot(x, y, label='Función')
plt.plot(x, tangente, label='Tangente en x=5')
plt.scatter(punto, funcion(punto), color='red', label='Punto (5, 36)')
plt.xlabel('X')
plt.ylabel('Y')
plt.title('Cálculo Numérico de la Derivada')

plt.legend()
plt.grid(True)
plt.show()
```

Estos ejercicios aplican distintas técnicas de análisis numérico utilizando NumPy sobre datos ficticios, desde resolver sistemas de ecuaciones hasta calcular derivadas numéricamente. Puedes modificar los datos y los parámetros de las funciones según sea necesario para explorar más aspectos del análisis numérico con NumPy.

Ejercicio 10: Normalización de Datos

Genera datos ficticios que representen características de diferentes productos y utiliza NumPy para normalizar estos datos.

```
import numpy as np

# Datos ficticios (características de productos)
datos_productos = np.array([
    [100, 50, 200], # Producto 1
    [80, 45, 220], # Producto 2
    [120, 60, 180] # Producto 3
])

# Normalización min-max
min_vals = np.min(datos_productos, axis=0)
max_vals = np.max(datos_productos, axis=0)
datos_normalizados = (datos_productos - min_vals) / (max_vals - min_vals)

# Mostrar datos normalizados
print("Datos normalizados:")
print(datos_normalizados)
```

Ejercicio 11: Manejo de Valores Faltantes

Crea un conjunto de datos simulados que representen calificaciones de estudiantes donde algunos datos son faltantes. Utiliza NumPy para identificar y manejar los valores faltantes reemplazándolos con la media de cada columna.

```
import numpy as np

# Datos ficticios de calificaciones con valores
faltantes
calificaciones = np.array([
 [85, 90, 92],
 [78, np.nan, 90],
 [90, 92, 88],
 [82, 80, np.nan],
 [88, 85, 90]
])

# Identificar valores faltantes y reemplazarlos con la
media de cada columna
column_means = np.nanmean(calificaciones, axis=0)
calificaciones_sin_nans =
np.where(np.isnan(calificaciones), column_means,
calificaciones)

# Mostrar datos después de manejar valores faltantes
print("Datos después de manejar valores faltantes:")
print(calificaciones_sin_nans)
```

Ejercicio 12: Codificación One-Hot

Crea un conjunto de datos ficticios que representen diferentes categorías de productos y utiliza NumPy para realizar la codificación one-hot.

```
import numpy as np

# Datos ficticios de categorías de productos
categorias = np.array(['A', 'B', 'C', 'A', 'C', 'B',
'C'])
```

```python
# Codificación one-hot
categorias_unicas = np.unique(categorias)
one_hot = np.zeros((len(categorias),
len(categorias_unicas)))
for i, categoria in enumerate(categorias):
 one_hot[i, np.where(categorias_unicas == categoria)[0]]
= 1

# Mostrar codificación one-hot
print("Codificación One-Hot:")
print(one_hot)
```

Estos ejercicios ilustran diferentes técnicas de preprocesamiento de datos utilizando NumPy, desde normalización hasta manejo de valores faltantes y codificación one-hot. Puedes ajustar los datos y las técnicas según sea necesario para explorar más funcionalidades de preprocesamiento de datos con NumPy.

Ejercicio 13: Operaciones con NumPy y pandas

Crea un DataFrame en pandas con datos aleatorios y utiliza NumPy para realizar operaciones matemáticas en una de las columnas del DataFrame.

```python
import numpy as np
import pandas as pd

# Crear un DataFrame en pandas
datos = {'A': np.random.randint(1, 100, 10),
 'B': np.random.randint(1, 100, 10),
 'C': np.random.randint(1, 100, 10)}
df = pd.DataFrame(datos)
```

```
# Realizar operación con NumPy en una columna de pandas
df['A'] = np.sqrt(df['A'])

# Mostrar el DataFrame modificado
print("DataFrame modificado:")
print(df)
```

Ejercicio 14: Generación de Datos con NumPy y pandas

Crea un DataFrame en pandas a partir de datos generados con NumPy y realiza operaciones de resumen utilizando funciones de NumPy en el DataFrame.

```
import numpy as np
import pandas as pd

# Generar datos con NumPy
datos = np.random.randn(10, 4)

# Crear DataFrame en pandas
df = pd.DataFrame(datos, columns=['A', 'B', 'C', 'D'])

# Realizar operaciones de resumen utilizando funciones
de NumPy en el DataFrame
media_por_columna = np.mean(df, axis=0)
desviacion_estandar_por_columna = np.std(df, axis=0)

# Mostrar resultados de las operaciones de resumen
```

```
print("Media por columna:")
print(media_por_columna)
print("\nDesviación estándar por columna:")
print(desviacion_estandar_por_columna)
```

Estos ejercicios ilustran cómo NumPy y pandas pueden combinarse para realizar operaciones matemáticas, manipulaciones de datos y operaciones de resumen en conjuntos de datos de pandas utilizando las capacidades de NumPy.

Ejercicio 15: Gráfico de Línea con NumPy y Matplotlib

Genera datos de una función matemática utilizando NumPy y crea un gráfico de línea con Matplotlib para visualizar la función.

```
import numpy as np
import matplotlib.pyplot as plt

# Generar datos de una función matemática
x = np.linspace(0, 10, 100)
y = np.sin(x)

# Graficar la función utilizando Matplotlib
plt.figure(figsize=(8, 6))
plt.plot(x, y)
plt.xlabel('X')
plt.ylabel('Y')
plt.title('Gráfico de la función seno')
plt.grid(True)
plt.show()
```

Ejercicio 16: Gráfico de Dispersión con NumPy y Matplotlib

Genera datos aleatorios con NumPy y crea un gráfico de dispersión con Matplotlib para visualizar la relación entre dos conjuntos de datos.

```
import numpy as np
import matplotlib.pyplot as plt

# Generar datos aleatorios
x = np.random.rand(100)
y = np.random.rand(100)

# Graficar un gráfico de dispersión utilizando Matplotlib
plt.figure(figsize=(8, 6))
plt.scatter(x, y, color='red', alpha=0.5)
plt.xlabel('X')
plt.ylabel('Y')
plt.title('Gráfico de dispersión')
plt.grid(True)
plt.show()
```

Estos ejercicios muestran cómo NumPy se puede utilizar para generar datos y Matplotlib para visualizarlos en diferentes tipos de gráficos, como gráficos de línea y gráficos de dispersión. Puedes ajustar los datos y las opciones de visualización según sea necesario para explorar más las capacidades de visualización de NumPy y Matplotlib.

Ejercicio 17: Optimización con SciPy

Utiliza la función de optimización de SciPy para encontrar el mínimo de una función.

```
import numpy as np
from scipy.optimize import minimize

# Definir la función a minimizar
def funcion(x):
    return x**2 + 10*np.sin(x)

# Minimizar la función utilizando SciPy
x0 = np.array([1.0])  # Punto inicial
resultado = minimize(funcion, x0)

# Mostrar el valor mínimo encontrado
print("Valor mínimo:", resultado.x)
```

Ejercicio 18: Álgebra Lineal con SciPy

Utiliza SciPy para resolver un sistema de ecuaciones lineales.

```
import numpy as np
from scipy.linalg import solve

# Coeficientes del sistema de ecuaciones
coeficientes = np.array([[2, 3], [1, -1]])
resultados = np.array([10, -1])

# Resolver el sistema de ecuaciones lineales con SciPy
```

```
solucion = solve(coeficientes, resultados)

# Mostrar la solución del sistema de ecuaciones
print("Solución del sistema de ecuaciones:")
print("x =", solucion[0], ", y =", solucion[1])
```

Ejercicio 19: Estadísticas con SciPy

Utiliza las funciones estadísticas de SciPy para calcular medidas descriptivas.

```
import numpy as np
from scipy import stats

# Datos ficticios
datos = np.array([1, 2, 3, 4, 5, 6, 7, 8, 9])

# Calcular medidas descriptivas con SciPy
media = np.mean(datos)
mediana = np.median(datos)
desviacion_estandar = np.std(datos)
percentil_75 = np.percentile(datos, 75)

# Mostrar medidas descriptivas calculadas
print("Media:", media)
print("Mediana:", mediana)
print("Desviación Estándar:", desviacion_estandar)
print("Percentil 75:", percentil_75)
```

Estos ejercicios ilustran diferentes usos de SciPy en diversas áreas, como optimización, álgebra lineal y estadísticas. Puedes ajustar los datos y las funciones según sea necesario para explorar más las capacidades de SciPy en cálculos científicos y matemáticos.

Ejercicio 20: Análisis de Datos con NumPy y pandas

Crea un DataFrame en pandas con datos ficticios y realiza operaciones estadísticas utilizando NumPy.

```
import numpy as np
import pandas as pd

# Crear un DataFrame en pandas con datos aleatorios
data = {
 'A': np.random.randint(1, 100, 10),
 'B': np.random.rand(10),
 'C': np.random.choice(['X', 'Y', 'Z'], 10)
}
df = pd.DataFrame(data)

# Realizar operaciones estadísticas con NumPy en el DataFrame
media_columna_A = np.mean(df['A'])
desviacion_columna_B = np.std(df['B'])

# Mostrar resultados
print("Media de la columna 'A':", media_columna_A)
print("Desviación estándar de la columna 'B':", desviacion_columna_B)
```

Ejercicio 21: Visualización de Datos con NumPy y Matplotlib

Genera datos de una función trigonométrica utilizando NumPy y crea un gráfico de línea con Matplotlib.

```
import numpy as np
import matplotlib.pyplot as plt

# Generar datos para una función trigonométrica
x = np.linspace(0, 2*np.pi, 100)
y = np.sin(x)

# Graficar la función trigonométrica utilizando Matplotlib
plt.figure(figsize=(8, 6))
plt.plot(x, y)
plt.xlabel('X')
plt.ylabel('Y')
plt.title('Gráfico de la función seno')
plt.grid(True)
plt.show()
```

Ejercicio 22: Álgebra Lineal con NumPy y SciPy

Resuelve un sistema de ecuaciones lineales utilizando SciPy, generando los datos con NumPy.

```
import numpy as np
from scipy.linalg import solve
```

```
# Generar coeficientes y resultados para un sistema de
ecuaciones lineales
coeficientes = np.array([[2, 3], [1, -1]])
resultados = np.array([10, -1])

# Resolver el sistema de ecuaciones lineales utilizando
SciPy
solucion = solve(coeficientes, resultados)

# Mostrar la solución del sistema de ecuaciones
print("Solución del sistema de ecuaciones lineales:")
print("x =", solucion[0], ", y =", solucion[1])
```

Ejercicio 23: Preprocesamiento de Datos con NumPy y pandas

Lee un archivo CSV con pandas y realiza operaciones de preprocesamiento utilizando NumPy.

```
import numpy as np
import pandas as pd

# Leer un archivo CSV con pandas
dataframe = pd.read_csv('datos.csv')

# Preprocesamiento de datos utilizando NumPy (por
ejemplo, manejo de valores faltantes)
datos = dataframe.values
datos_sin_nans = np.nan_to_num(datos)

# Mostrar los datos preprocesados
print("Datos preprocesados:")
print(datos_sin_nans)
```

Ejercicio 24: Estadísticas con NumPy y pandas

Calcula medidas descriptivas sobre un conjunto de datos utilizando NumPy y pandas.

```
import numpy as np
import pandas as pd

# Crear un DataFrame en pandas con datos aleatorios
data = {
 'A': np.random.randint(1, 100, 20),
 'B': np.random.rand(20),
 'C': np.random.choice(['X', 'Y', 'Z'], 20)
}
df = pd.DataFrame(data)

# Calcular medidas descriptivas con NumPy y pandas
media_por_columna = df.mean()
maximo_por_columna = df.max()
minimo_por_columna = df.min()

# Mostrar medidas descriptivas calculadas
print("Media por columna:")
print(media_por_columna)
print("\nValor máximo por columna:")
print(maximo_por_columna)
print("\nValor mínimo por columna:")
print(minimo_por_columna)
```

Estos ejercicios abarcan una variedad de tareas utilizando NumPy, como análisis de datos, visualización, álgebra lineal y preprocesamiento de datos, y demuestran cómo NumPy se integra con otras librerías como pandas, Matplotlib y SciPy para realizar tareas más complejas y avanzadas.

Ejercicio 25: Generación de Matrices Específicas

Crea una matriz diagonal con valores específicos en la diagonal utilizando NumPy.

```
import numpy as np

# Crear una matriz diagonal con valores específicos en
la diagonal
diagonal_values = [1, 2, 3, 4, 5]
matriz_diagonal = np.diag(diagonal_values)

print("Matriz diagonal:")
print(matriz_diagonal)
```

Ejercicio 26: Operaciones Avanzadas de Álgebra Lineal

Realiza descomposición SVD (Singular Value Decomposition) sobre una matriz aleatoria.

```
import numpy as np

# Generar una matriz aleatoria
matriz_aleatoria = np.random.random((5, 3))

# Realizar descomposición SVD sobre la matriz
U, S, VT = np.linalg.svd(matriz_aleatoria)

print("Matriz U:")
```

```
print(U)
print("\nMatriz de valores singulares:")
print(S)
print("\nMatriz VT:")
print(VT)
```

Ejercicio 27: Creación de Datos con Patrones Específicos

Crea un array con un patrón de valores que se repiten utilizando NumPy.

```
import numpy as np

# Crear un array con un patrón específico
patron = np.array([1, 2, 3])
array_patron = np.tile(patron, 5)

print("Array con patrón repetido:")
print(array_patron)
```

Ejercicio 28: Operaciones de Manipulación de Datos

Concatena dos matrices a lo largo de diferentes ejes utilizando NumPy.

```
import numpy as np
```

```
# Crear matrices aleatorias
matriz_1 = np.random.rand(3, 3)
matriz_2 = np.random.rand(3, 3)

# Concatenar matrices a lo largo de diferentes ejes
concatenacion_horizontal = np.concatenate((matriz_1,
matriz_2), axis=1)
concatenacion_vertical = np.concatenate((matriz_1,
matriz_2), axis=0)

print("Concatenación horizontal:")
print(concatenacion_horizontal)
print("\nConcatenación vertical:")
print(concatenacion_vertical)
```

Ejercicio 29: Manipulación de Datos Avanzada

Utiliza máscaras booleanas para manipular y modificar valores dentro de una matriz.

```
import numpy as np

# Crear una matriz aleatoria
matriz_aleatoria = np.random.random((4, 4))

# Crear una máscara booleana para valores mayores a 0.5
mascara = matriz_aleatoria > 0.5



# Modificar valores de la matriz basados en la máscara
matriz_aleatoria[mascara] = 0

print("Matriz modificada:")
print(matriz_aleatoria)
```

Ejercicio 30: Generación de Datos Aleatorios Avanzados

Genera un array con valores distribuidos según una distribución específica utilizando NumPy.

```
import numpy as np

# Generar un array con valores distribuidos según una
distribución específica
array_normal = np.random.normal(0, 1, 1000) #
Distribución normal (media=0, desviación=1)

print("Array distribuido según una distribución
normal:")
print(array_normal[:10]) # Mostrar los primeros 10
valores
```

Ejercicio 31: Manipulación de Datos con Estructuras Avanzadas

Utiliza dtype estructurado de NumPy para manejar datos con múltiples tipos de datos.

```
import numpy as np
```

```python
# Crear un dtype estructurado para manejar datos con
múltiples tipos
dt = np.dtype([('nombre', np.unicode_, 16), ('edad',
np.int32), ('altura', np.float64)])

# Crear un array con datos estructurados
datos = np.array([('Juan', 30, 1.75), ('María', 25,
1.60)], dtype=dt)

print("Datos estructurados:")
print(datos)
```

Ejercicio 32: Operaciones de Álgebra Lineal Avanzadas

Calcula la inversa de una matriz utilizando NumPy.

```
import numpy as np

# Crear una matriz aleatoria
matriz_aleatoria = np.random.rand(3, 3)

# Calcular la inversa de la matriz
matriz_inversa = np.linalg.inv(matriz_aleatoria)

print("Matriz aleatoria:")
print(matriz_aleatoria)
print("\nMatriz inversa:")
print(matriz_inversa)
```

Ejercicio 33: Manipulación de Datos con Funciones Avanzadas

Utiliza la función `np.vectorize` para aplicar una función a un array NumPy.

```
import numpy as np

# Definir una función que opera sobre un solo valor
def funcion(x):
  return x * 2 + 5

# Convertir la función en una función vectorizada
funcion_vectorizada = np.vectorize(funcion)

# Crear un array y aplicar la función vectorizada
array_original = np.array([1, 2, 3, 4])
array_resultado = funcion_vectorizada(array_original)

print("Array original:")
print(array_original)
print("\nArray resultado después de aplicar la función:")
print(array_resultado)
```

Ejercicio 34: Operaciones Avanzadas de Álgebra Lineal

Calcula los valores y vectores propios de una matriz utilizando NumPy.

```python
import numpy as np

# Crear una matriz aleatoria
matriz_aleatoria = np.random.rand(3, 3)

# Calcular valores y vectores propios de la matriz
valores_propios, vectores_propios = np.linalg.eig(matriz_aleatoria)

print("Valores propios:")
print(valores_propios)
print("\nVectores propios:")
print(vectores_propios)
```

Estos ejercicios abordan conceptos y funcionalidades más avanzadas de NumPy, desde la manipulación de datos y operaciones algebraicas hasta la generación de datos y la aplicación de funciones vectorizadas. Puedes ajustar los parámetros y valores de entrada para experimentar más con las capacidades avanzadas de NumPy.

Ejercicio 35: Clasificación con scikit-learn

Entrena un modelo de clasificación simple utilizando el conjunto de datos Iris y el algoritmo de clasificación de vecinos más cercanos (KNN).

```python
from sklearn.datasets import load_iris
```

```python
from sklearn.model_selection import train_test_split
from sklearn.neighbors import KNeighborsClassifier
from sklearn.metrics import accuracy_score

# Cargar el conjunto de datos Iris
iris = load_iris()
X, y = iris.data, iris.target

# Dividir los datos en conjunto de entrenamiento y prueba
X_train, X_test, y_train, y_test = train_test_split(X, y, test_size=0.2, random_state=42)

# Inicializar y entrenar el modelo KNN
modelo_knn = KNeighborsClassifier(n_neighbors=3)
modelo_knn.fit(X_train, y_train)

# Realizar predicciones en el conjunto de prueba
predicciones = modelo_knn.predict(X_test)

# Calcular la precisión del modelo
precision = accuracy_score(y_test, predicciones)
print("Precisión del modelo KNN:", precision)
```

Ejercicio 36: Regresión con scikit-learn

Realiza una regresión lineal simple utilizando el conjunto de datos de precios de vivienda de Boston.

```python
from sklearn.datasets import load_boston
from sklearn.linear_model import LinearRegression
from sklearn.metrics import mean_squared_error, r2_score
```

```python
# Cargar el conjunto de datos de precios de vivienda de Boston
boston = load_boston()
X, y = boston.data, boston.target

# Dividir los datos en conjunto de entrenamiento y prueba
X_train, X_test, y_train, y_test = train_test_split(X, y, test_size=0.2, random_state=42)

# Inicializar y entrenar el modelo de regresión lineal
modelo_regresion = LinearRegression()
modelo_regresion.fit(X_train, y_train)

# Realizar predicciones en el conjunto de prueba
predicciones = modelo_regresion.predict(X_test)

# Calcular métricas de rendimiento del modelo
mse = mean_squared_error(y_test, predicciones)
r2 = r2_score(y_test, predicciones)
print("Error cuadrático medio (MSE):", mse)
print("Coeficiente de determinación (R^2):", r2)
```

Estos ejercicios muestran cómo utilizar scikit-learn para realizar tareas básicas de aprendizaje automático, como clasificación y regresión. Puedes explorar más funciones y algoritmos proporcionados por scikit-learn y ajustar los parámetros según sea necesario para experimentar con diferentes técnicas de aprendizaje automático.

Ejercicio 37: Red Neuronal con TensorFlow

Crea y entrena una red neuronal simple utilizando TensorFlow para clasificar imágenes del conjunto de datos MNIST.

```
import tensorflow as tf
from tensorflow.keras.datasets import mnist

# Cargar el conjunto de datos MNIST y preprocesarlo
(x_train, y_train), (x_test, y_test) = mnist.load_data()
x_train, x_test = x_train / 255.0, x_test / 255.0

# Crear el modelo de red neuronal en TensorFlow
model = tf.keras.models.Sequential([
 tf.keras.layers.Flatten(input_shape=(28, 28)),
 tf.keras.layers.Dense(128, activation='relu'),
 tf.keras.layers.Dropout(0.2),
 tf.keras.layers.Dense(10)
])

# Compilar el modelo
model.compile(optimizer='adam',
loss=tf.keras.losses.SparseCategoricalCrossentropy(from_logits=True),
 metrics=['accuracy'])

# Entrenar el modelo
model.fit(x_train, y_train, epochs=5, validation_data=(x_test, y_test))
```

```
# Evaluar el modelo en el conjunto de prueba
loss, accuracy = model.evaluate(x_test, y_test, verbose=2)
print("Precisión en el conjunto de prueba:", accuracy)
```

Ejercicio 38: Red Neuronal con PyTorch

Crea y entrena una red neuronal simple utilizando PyTorch para clasificar imágenes del conjunto de datos FashionMNIST.

```
import torch
import torchvision
import torch.nn as nn
import torch.optim as optim
import torchvision.transforms as transforms

# Cargar el conjunto de datos FashionMNIST y preprocesarlo
transform = transforms.Compose([transforms.ToTensor(), transforms.Normalize((0.5,), (0.5,))])
trainset = torchvision.datasets.FashionMNIST(root='./data', train=True, download=True, transform=transform)
trainloader = torch.utils.data.DataLoader(trainset, batch_size=64, shuffle=True)

# Definir el modelo de red neuronal en PyTorch
model = nn.Sequential(
 nn.Flatten(),
 nn.Linear(28 * 28, 128),
 nn.ReLU(),
 nn.Dropout(0.2),
 nn.Linear(128, 10)
)
```

```python
# Definir la función de pérdida y el optimizador
criterion = nn.CrossEntropyLoss()

optimizer = optim.Adam(model.parameters(), lr=0.001)

# Entrenar el modelo
for epoch in range(5):
 running_loss = 0.0
 for i, data in enumerate(trainloader, 0):
  inputs, labels = data
  optimizer.zero_grad()
  outputs = model(inputs)
  loss = criterion(outputs, labels)
  loss.backward()
  optimizer.step()
  running_loss += loss.item()
 print(f"Época {epoch+1}, pérdida: {running_loss / len(trainloader)}")

# Evaluar el modelo en el conjunto de prueba
testset = torchvision.datasets.FashionMNIST(root='./data', train=False, download=True, transform=transform)
testloader = torch.utils.data.DataLoader(testset, batch_size=64, shuffle=False)

correct = 0
total = 0
with torch.no_grad():
 for data in testloader:
  images, labels = data
  outputs = model(images)
  _, predicted = torch.max(outputs.data, 1)
  total += labels.size(0)
  correct += (predicted == labels).sum().item()

print("Precisión en el conjunto de prueba:", correct / total)
```

Estos ejercicios ilustran cómo construir y entrenar modelos simples de redes neuronales utilizando TensorFlow y PyTorch para tareas de clasificación de imágenes. Puedes ajustar la arquitectura de la red, los hiperparámetros y las funciones de pérdida para experimentar con diferentes configuraciones y técnicas de aprendizaje profundo.

Ejercicio 39: Cargar y Mostrar una Imagen con OpenCV

Este ejercicio carga una imagen desde el sistema de archivos y la muestra en una ventana utilizando OpenCV.

```
import cv2

# Cargar la imagen desde el sistema de archivos
imagen = cv2.imread('ruta_de_la_imagen/imagen.jpg')

# Mostrar la imagen en una ventana
cv2.imshow('Imagen', imagen)
cv2.waitKey(0)
cv2.destroyAllWindows()
```

Ejercicio 40: Detección de Bordes en una Imagen con OpenCV

Este ejercicio utiliza el algoritmo Canny de OpenCV para detectar los bordes en una imagen.

```
import cv2

# Cargar la imagen desde el sistema de archivos en
escala de grises
imagen = cv2.imread('ruta_de_la_imagen/imagen.jpg', 0)

# Aplicar el algoritmo Canny para detectar bordes
bordes = cv2.Canny(imagen, 100, 200) # Ajustar los
umbrales según sea necesario

# Mostrar la imagen original y la detección de bordes en
ventanas separadas
cv2.imshow('Imagen Original', imagen)
cv2.imshow('Detección de Bordes', bordes)
cv2.waitKey(0)
cv2.destroyAllWindows()
```

Estos ejercicios muestran cómo cargar imágenes, mostrarlas en una ventana y realizar operaciones simples de procesamiento de imágenes, como la detección de bordes, utilizando OpenCV en Python. Puedes explorar más funciones y capacidades de OpenCV para realizar una amplia variedad de operaciones de procesamiento de imágenes y visión por computadora.

Ejercicio 41: Cálculo de Derivadas

Calcula la derivada de una función simbólica utilizando SymPy.

```
import sympy as sp

# Definir el símbolo y la función
x = sp.symbols('x')
```

```
funcion = x**3 + 2*x**2 + 3*x + 1

# Calcular la derivada de la función
derivada = sp.diff(funcion, x)

print("Función original:", funcion)
print("Derivada:", derivada)
```

Ejercicio 42: Resolución de Ecuaciones Simbólicas

Resuelve una ecuación simbólica utilizando SymPy.

```
import sympy as sp

# Definir el símbolo y la ecuación
x = sp.symbols('x')
ecuacion = sp.Eq(x**2 - 4, 0)

# Resolver la ecuación
soluciones = sp.solve(ecuacion, x)

print("Ecuación:", ecuacion)
print("Soluciones:", soluciones)
```

Ejercicio 43: Álgebra Lineal Simbólica

Realiza operaciones de álgebra lineal simbólica utilizando SymPy.

```
import sympy as sp
```

```
# Definir las matrices simbólicas
a, b, c, d = sp.symbols('a b c d')
A = sp.Matrix([[a, b], [c, d]])
B = sp.Matrix([[1, 2], [3, 4]])

# Calcular la multiplicación de matrices simbólicas
resultado = A * B

print("Matriz A:")
print(A)
print("\nMatriz B:")
print(B)
print("\nResultado de la multiplicación de matrices:")
print(resultado)
```

Estos ejercicios muestran algunas de las capacidades de SymPy para realizar cálculos simbólicos, resolver ecuaciones, derivar funciones y realizar operaciones de álgebra lineal simbólica. SymPy es útil para manipular expresiones matemáticas de manera simbólica en lugar de numérica, lo que permite realizar cálculos precisos en diversas áreas de las matemáticas.

Ejercicio 44: Procesamiento de Datos con Dask Arrays

Realiza operaciones con arreglos Dask para el procesamiento de datos distribuido.

```
import dask.array as da

# Crear un arreglo Dask distribuido
```

```
arr = da.random.random((10000, 10000), chunks=(1000,
1000))

# Calcular la suma de todos los elementos del arreglo
suma_total = arr.sum()

print("Suma total de todos los elementos del arreglo:",
suma_total.compute())
```

Ejercicio 45: Procesamiento de Datos con Dask DataFrames

Realiza operaciones con DataFrames Dask para procesamiento de datos distribuido.

```
import dask.dataframe as dd

# Crear un DataFrame Dask distribuido a partir de un
archivo CSV
df = dd.read_csv('datos.csv')

# Realizar un filtrado y calcular la media de una
columna
filtrado = df[df['columna'] > 50]
media = filtrado['otra_columna'].mean()

print("Media después del filtrado:", media.compute())
```

Ejercicio 46: Computación Distribuida con Dask

Realiza cálculos distribuidos utilizando Dask en un clúster local.

```python
from dask.distributed import Client
import dask.array as da

# Inicializar un clúster local de Dask
client = Client()

# Crear un arreglo Dask distribuido
arr = da.ones((10000, 10000), chunks=(1000, 1000))

# Realizar operaciones en paralelo
resultado = arr * 2

print("Resultado del cálculo paralelo:", resultado.compute())
```

Estos ejercicios demuestran cómo usar Dask para procesar datos de manera distribuida y realizar operaciones en paralelo. Dask es útil para trabajar con conjuntos de datos grandes que no caben en la memoria RAM de una sola máquina, permitiendo la escalabilidad y el procesamiento eficiente en sistemas distribuidos.

Ejercicio con Matplotlib y NumPy.

Ejercicio 47: Graficar una Función Senoidal

Utiliza NumPy para generar datos de una función senoidal y Matplotlib para graficarla.

```
import numpy as np
import matplotlib.pyplot as plt

# Generar datos para una función senoidal
x = np.linspace(0, 2*np.pi, 100)
y = np.sin(x)

# Graficar la función senoidal utilizando Matplotlib
plt.plot(x, y)
plt.xlabel('X')
plt.ylabel('Y')
plt.title('Gráfico de la función seno')
plt.show()
```

Ejercicio con Pandas y NumPy.

Ejercicio 48: Manipulación de Datos Tabulares

Usa NumPy para realizar cálculos en un DataFrame de Pandas.

```
import pandas as pd
import numpy as np
```

```python
# Crear un DataFrame de Pandas
data = {'A': np.random.randint(1, 100, 10),
 'B': np.random.rand(10)}
df = pd.DataFrame(data)

# Agregar una nueva columna con cálculos de NumPy
df['C'] = np.sqrt(df['A']) + np.log(df['B'])

print(df)
```

Ejercicio con SciPy y NumPy.

Ejercicio 49: Ajuste de Curvas

Utiliza SciPy junto con NumPy para ajustar una curva a datos ruidosos.

```python
import numpy as np
from scipy.optimize import curve_fit
import matplotlib.pyplot as plt

# Datos con ruido
x = np.linspace(0, 10, 100)
y = np.sin(x) + np.random.normal(0, 0.1, 100)

# Función para el ajuste
def func(x, a, b):
 return a * np.sin(b * x)

# Realizar el ajuste de curva con curve_fit de SciPy
popt, pcov = curve_fit(func, x, y)

# Graficar los datos y la curva ajustada
```

```
plt.scatter(x, y, label='Datos con ruido')
plt.plot(x, func(x, *popt), 'r-', label='Curva ajustada')
plt.legend()
plt.show()
```

Ejercicio con TensorFlow y NumPy.

Ejercicio 50: Creación de un Modelo de Regresión

Lineal Simple.

Utiliza NumPy para generar datos y TensorFlow para crear un modelo de regresión lineal.

```
import numpy as np
import tensorflow as tf
import matplotlib.pyplot as plt

# Generar datos aleatorios
X = np.random.rand(100).astype(np.float32)
Y = X * 0.1 + 0.3 + np.random.normal(0.0, 0.03, 100)

# Definir el modelo de regresión lineal en TensorFlow
W = tf.Variable(np.random.randn())
b = tf.Variable(np.random.randn())

def linear_regression(x):
  return W * x + b
```

```python
# Definir la función de pérdida y el optimizador
def loss_fn(y_true, y_pred):
  return tf.reduce_mean(tf.square(y_true - y_pred))

optimizer = tf.optimizers.Adam(learning_rate=0.01)


# Entrenar el modelo
epochs = 1000

for epoch in range(epochs):

 with tf.GradientTape() as tape:
 predictions = linear_regression(X)
 loss = loss_fn(Y, predictions)
 gradients = tape.gradient(loss, [W, b])
 optimizer.apply_gradients(zip(gradients, [W, b]))

# Visualizar los datos y la regresión lineal
plt.scatter(X, Y)
plt.plot(X, linear_regression(X), 'r')
plt.show()
```

Ejercicio con SymPy y NumPy.

Ejercicio 51: Integrales Simbólicas

Utiliza SymPy junto con NumPy para calcular una integral simbólica y numérica.

```
import numpy as np
import sympy as sp

# Calcular la integral simbólica
x = sp.symbols('x')
integral_simbolica = sp.integrate(x**2, x)

# Calcular la integral numérica con NumPy
integral_numerica = np.trapz(x**2, x=np.linspace(0, 1,
100))

print("Integral simbólica:", integral_simbolica)
print("Integral numérica:", integral_numerica)
```

Ejercicio con OpenCV y NumPy.

Ejercicio 52: Dibujar y Mostrar una Imagen con OpenCV

Usa NumPy para crear una imagen y OpenCV para mostrarla.

```
import cv2
import numpy as np

# Crear una imagen con NumPy
imagen = np.zeros((300, 300, 3), dtype=np.uint8)
imagen[:] = (255, 0, 0) # Color azul

# Mostrar la imagen con OpenCV
cv2.imshow('Imagen', imagen)
```

```
cv2.waitKey(0)
cv2.destroyAllWindows()
```

Ejercicio con Scikit-Learn y NumPy.

Ejercicio 53: Clasificación con KNN

Utiliza NumPy para generar datos y Scikit-Learn para realizar clasificación con KNN.

```
import numpy as np
from sklearn.datasets import make_classification
from sklearn.model_selection import train_test_split
from sklearn.neighbors import KNeighborsClassifier
from sklearn.metrics import accuracy_score

# Generar datos aleatorios
X, y = make_classification(n_samples=1000,
n_features=10, n_classes=2, random_state=42)

# Dividir los datos en conjunto de entrenamiento y
prueba
X_train, X_test, y_train, y_test = train_test_split(X,
y, test_size=0.2, random_state=42)

# Inicializar y entrenar el modelo KNN
modelo_knn = KNeighborsClassifier(n_neighbors=5)
modelo_knn.fit(X_train, y_train)


# Realizar predicciones en el conjunto de prueba
```

```
predicciones = modelo_knn.predict(X_test)


# Calcular la precisión del modelo
precision = accuracy_score(y_test, predicciones)
print("Precisión del modelo KNN:", precision)
```

Ejercicio con Pandas y NumPy.

Ejercicio 54: Manipulación de Datos Tabulares

Utiliza NumPy para realizar cálculos en un DataFrame de Pandas.

```
import pandas as pd
import numpy as np

# Crear un DataFrame de Pandas
data = {'A': np.random.randint(1, 100, 10),
 'B': np.random.rand(10)}
df = pd.DataFrame(data)

# Agregar una nueva columna con cálculos de NumPy
df['C'] = np.sqrt(df['A']) + np.log(df['B'])

print(df)
```

Ejercicio con TensorFlow y NumPy.

Ejercicio 55: Creación de una Red Neuronal Simple

Utiliza NumPy para generar datos y TensorFlow para crear una red neuronal simple.

```
import numpy as np
import tensorflow as tf

# Generar datos aleatorios
X = np.random.rand(100, 1)
y = 2 * X + 1 + np.random.randn(100, 1) * 0.1

# Definir el modelo de red neuronal en TensorFlow
model = tf.keras.Sequential([
 tf.keras.layers.Dense(1, input_shape=(1,))
])

# Compilar el modelo
model.compile(optimizer='sgd', loss='mse')

# Entrenar el modelo
model.fit(X, y, epochs=100)
```

```
# Imprimir los pesos del modelo
print("Pesos del modelo:",
model.layers[0].get_weights())
```

Ejercicio con SciPy y NumPy.

Ejercicio 56: Optimización de Funciones

Utiliza SciPy junto con NumPy para optimizar una función.

```
import numpy as np
from scipy.optimize import minimize

# Definir una función de coste
def funcion_coste(x):
  return x**4 - 3 * x**3 + 2

# Encontrar el mínimo de la función utilizando minimize
de SciPy
resultado = minimize(funcion_coste, x0=0)

print("Mínimo de la función:", resultado.x)
```

Estos ejercicios muestran cómo NumPy se integra con diversas librerías en Python para realizar tareas en diferentes áreas, desde manipulación de datos hasta aprendizaje automático, visualización, procesamiento de imágenes y más. Experimenta con ellos para profundizar en el uso de NumPy junto con otras herramientas de Python.

Ejercicio 57: Análisis de Datos Meteorológicos

Utiliza NumPy para cargar datos meteorológicos desde un archivo CSV y realiza análisis estadístico.

```
import numpy as np

# Cargar datos meteorológicos desde un archivo CSV
datos = np.genfromtxt('datos_meteorologicos.csv',
delimiter=',')

# Calcular estadísticas básicas
promedio_temperatura = np.mean(datos[:, 0])
maxima_temperatura = np.max(datos[:, 0])
minima_temperatura = np.min(datos[:, 0])
desviacion_temperatura = np.std(datos[:, 0])

print("Promedio de temperatura:", promedio_temperatura)
print("Máxima temperatura:", maxima_temperatura)
print("Mínima temperatura:", minima_temperatura)
print("Desviación estándar de temperatura:",
desviacion_temperatura)
```

Ejercicio 58: Procesamiento de Imágenes Médicas

Utiliza NumPy para cargar una imagen médica en formato DICOM y realiza operaciones de procesamiento de imágenes.

```python
import numpy as np
import pydicom
import matplotlib.pyplot as plt

# Cargar una imagen médica DICOM
imagen_dcm = pydicom.dcmread('imagen_medica.dcm')
imagen_array = imagen_dcm.pixel_array

# Aplicar una operación de suavizado utilizando NumPy
kernel = np.ones((5, 5)) / 25
imagen_suavizada = np.convolve(imagen_array, kernel,
mode='same')

# Mostrar la imagen original y la suavizada
plt.subplot(1, 2, 1)
plt.imshow(imagen_array, cmap='gray')
plt.title('Imagen Original')

plt.subplot(1, 2, 2)
plt.imshow(imagen_suavizada, cmap='gray')
plt.title('Imagen Suavizada')

plt.show()
```

Ejercicio 59: Análisis de Datos Financieros

Carga datos financieros desde un archivo CSV utilizando NumPy y realiza cálculos financieros.

```python
import numpy as np

# Cargar datos financieros desde un archivo CSV
```

```
datos_financieros =
np.genfromtxt('datos_financieros.csv', delimiter=',')

# Calcular el rendimiento diario y anual
rendimiento_diario = np.diff(datos_financieros) /
datos_financieros[:-1]
rendimiento_anual = np.prod(rendimiento_diario + 1) - 1

print("Rendimiento diario:", rendimiento_diario)
print("Rendimiento anual:", rendimiento_anual)
```

Ejercicio 60: Procesamiento de Datos de Sensores

Utiliza NumPy para cargar datos de sensores desde un archivo TXT y realiza análisis de series temporales.

```
import numpy as np
import matplotlib.pyplot as plt

# Cargar datos de sensores desde un archivo TXT
datos_sensores = np.loadtxt('datos_sensores.txt')

# Graficar la serie temporal de los datos de sensores
plt.plot(datos_sensores)
plt.xlabel('Tiempo')
plt.ylabel('Valores de los sensores')
plt.title('Datos de los sensores a lo largo del tiempo')
plt.show()

# Calcular estadísticas sobre los datos de los sensores
```

```
media = np.mean(datos_sensores)
mediana = np.median(datos_sensores)
desviacion = np.std(datos_sensores)

print("Media:", media)
print("Mediana:", mediana)
print("Desviación estándar:", desviacion)
```

Estos ejercicios demuestran cómo NumPy se puede utilizar para realizar análisis avanzados de datos provenientes de diversas fuentes, como datos meteorológicos, imágenes médicas, datos financieros y datos de sensores. Adapta los ejercicios según tus necesidades y el formato de los datos externos que tengas disponibles.

Nivel Intermedio

Ejercicio 61: Creación y Manipulación de Arrays

Crea un array de 1D de longitud 10 con números enteros aleatorios entre 0 y 50.

Cambia la forma (shape) del array anterior a una matriz de 2x5.

Encuentra la media, mediana y desviación estándar de los elementos de la matriz.

Encuentra los índices de los elementos del array que son mayores que 25.

```python
import numpy as np

# Paso 1: Crear un array de 1D de longitud 10 con
números enteros aleatorios entre 0 y 50
array_1d = np.random.randint(0, 51, size=10)
print("Array 1D:")
print(array_1d)

# Paso 2: Cambiar la forma (shape) del array anterior a
una matriz de 2x5
matriz_2x5 = array_1d.reshape(2, 5)
print("\nMatriz 2x5:")
print(matriz_2x5)

# Paso 3: Encontrar la media, mediana y desviación
estándar de los elementos de la matriz
media = np.mean(matriz_2x5)
mediana = np.median(matriz_2x5)
desviacion_estandar = np.std(matriz_2x5)

print("\nMedia:", media)
print("Mediana:", mediana)
print("Desviación Estándar:", desviacion_estandar)

# Paso 4: Encontrar los índices de los elementos del
array que son mayores que 25
indices_mayores_25 = np.where(array_1d > 25)
print("\nÍndices de elementos mayores que 25:")
print(indices_mayores_25)
```

Ejercicio 62: Operaciones Matemáticas

Crea dos matrices A y B de tamaño 3x3 con números enteros aleatorios entre 1 y 10.

Realiza las siguientes operaciones:

Suma de A y B.

Producto de A y B.

Producto elemento a elemento de A y B.

Encuentra la transpuesta de la matriz A.

```
import numpy as np

# Paso 1: Crear dos matrices A y B de tamaño 3x3 con
números enteros aleatorios entre 1 y 10
A = np.random.randint(1, 11, size=(3, 3))
B = np.random.randint(1, 11, size=(3, 3))

print("Matriz A:")
print(A)
print("\nMatriz B:")
print(B)

# Paso 2: Realizar las operaciones solicitadas

# Suma de A y B
suma = A + B
print("\nSuma de A y B:")
```

```
print(suma)

# Producto de A y B (Producto matricial)
producto_matricial = np.dot(A, B)
print("\nProducto matricial de A y B:")
print(producto_matricial)

# Producto elemento a elemento de A y B
producto_elemento_a_elemento = A * B
print("\nProducto elemento a elemento de A y B:")
print(producto_elemento_a_elemento)

# Transpuesta de la matriz A
transpuesta_A = np.transpose(A)
print("\nTranspuesta de la matriz A:")
print(transpuesta_A)
```

Ejercicio 63: Indexación y Slicing

Crea un array de 1D con los números del 1 al 20.

Extrae los elementos que son múltiplos de 3.

Reemplaza los elementos que son múltiplos de 4 por -1.

```
import numpy as np

# Paso 1: Crear un array de 1D con los números del 1 al 20
array_1d = np.arange(1, 21)
print("Array 1D:")
print(array_1d)

# Paso 2: Extraer los elementos que son múltiplos de 3
multiplos_de_3 = array_1d[array_1d % 3 == 0]
```

```
print("\nElementos que son múltiplos de 3:")
print(multiplos_de_3)

# Paso 3: Reemplazar los elementos que son múltiplos de
4 por -1
array_1d[array_1d % 4 == 0] = -1
print("\nArray después de reemplazar múltiplos de 4 por
-1:")
print(array_1d)
```

Ejercicio 64: Funciones Universales (ufuncs)

1. **Crea un array de 1D con 50 valores igualmente espaciados entre 0 y π.**

Aplica las funciones sin, cos y tan a los elementos del array.

Encuentra el valor máximo y mínimo de cada una de las funciones aplicadas.

```
import numpy as np

# Paso 1: Crear un array de 1D con 50 valores igualmente
espaciados entre 0 y π
array_1d = np.linspace(0, np.pi, 50)
print("Array 1D:")
print(array_1d)

# Paso 2: Aplicar las funciones sin, cos y tan a los
elementos del array
sin_array = np.sin(array_1d)
cos_array = np.cos(array_1d)
tan_array = np.tan(array_1d)
```

```python
print("\nSin de los elementos del array:")
print(sin_array)

print("\nCos de los elementos del array:")
print(cos_array)

print("\nTan de los elementos del array:")
print(tan_array)

# Paso 3: Encontrar el valor máximo y mínimo de cada una de las funciones aplicadas
max_sin = np.max(sin_array)
min_sin = np.min(sin_array)

max_cos = np.max(cos_array)
min_cos = np.min(cos_array)

max_tan = np.max(tan_array)
min_tan = np.min(tan_array)

print("\nMáximo y mínimo de la función sin:")
print("Máximo sin:", max_sin)
print("Mínimo sin:", min_sin)

print("\nMáximo y mínimo de la función cos:")
print("Máximo cos:", max_cos)
print("Mínimo cos:", min_cos)

print("\nMáximo y mínimo de la función tan:")
print("Máximo tan:", max_tan)
print("Mínimo tan:", min_tan)
```

Ejercicio 65: Manipulación de Datos

Crea un array de 2D de tamaño 5x5 con números enteros aleatorios entre 0 y 100.

Reemplaza todos los elementos impares del array con -1.

Ordena las filas del array en orden ascendente.

Encuentra la suma de todos los elementos a lo largo de las columnas.

```
import numpy as np

# Paso 1: Crear un array de 2D de tamaño 5x5 con números
enteros aleatorios entre 0 y 100
array_2d = np.random.randint(0, 101, size=(5, 5))
print("Array 2D original:")
print(array_2d)

# Paso 2: Reemplazar todos los elementos impares del
array con -1
array_2d[array_2d % 2 != 0] = -1
print("\nArray 2D después de reemplazar elementos
impares por -1:")
print(array_2d)

# Paso 3: Ordenar las filas del array en orden
ascendente
array_2d.sort(axis=1)
print("\nArray 2D con filas ordenadas en orden
ascendente:")
print(array_2d)

# Paso 4: Encontrar la suma de todos los elementos a lo
largo de las columnas
suma_columnas = np.sum(array_2d, axis=0)
print("\nSuma de todos los elementos a lo largo de las
columnas:")
print(su
```

Ejercicio 66: Álgebra Lineal

Crea una matriz cuadrada de tamaño 3x3 con números enteros aleatorios entre 1 y 10.

Encuentra el determinante de la matriz.

Encuentra la inversa de la matriz (si existe).

Encuentra los valores y vectores propios de la matriz.

```
import numpy as np

# Paso 1: Crear una matriz cuadrada de tamaño 3x3 con
números enteros aleatorios entre 1 y 10
matriz = np.random.randint(1, 11, size=(3, 3))
print("Matriz 3x3:")
print(matriz)

# Paso 2: Encontrar el determinante de la matriz
determinante = np.linalg.det(matriz)
print("\nDeterminante de la matriz:")
print(determinante)

# Paso 3: Encontrar la inversa de la matriz (si existe)
if determinante != 0:
    inversa = np.linalg.inv(matriz)
    print("\nInversa de la matriz:")
    print(inversa)
else:
    print("\nLa matriz no tiene inversa (determinante es 0).")
```

```
# Paso 4: Encontrar los valores y vectores propios de la
matriz
valores_propios, vectores_propios =
np.linalg.eig(matriz)
print("\nValores propios de la matriz:")
print(valores_propios)
print("\nVectores propios de la matriz:")
print(vectores_propios)
```

Ejercicio 67: Estadísticas

Genera un array de 1D con 1000 números aleatorios siguiendo una distribución normal (media = 0, desviación estándar = 1).

Calcula la media, la mediana y la desviación estándar del array.

Encuentra el percentil 25, 50 y 75 del array.

```
import numpy as np

# Paso 1: Generar un array de 1D con 1000 números
aleatorios siguiendo una distribución normal (media = 0,
desviación estándar = 1)
array_normal = np.random.normal(0, 1, 1000)
print("Array con distribución normal:")
print(array_normal)

# Paso 2: Calcular la media, la mediana y la desviación
estándar del array
media = np.mean(array_normal)
mediana = np.median(array_normal)
desviacion_estandar = np.std(array_normal)

print("\nMedia del array:")
```

```
print(media)
print("\nMediana del array:")
print(mediana)
print("\nDesviación estándar del array:")
print(desviacion_estandar)

# Paso 3: Encontrar el percentil 25, 50 y 75 del array
percentil_25 = np.percentile(array_normal, 25)
percentil_50 = np.percentile(array_normal, 50)
percentil_75 = np.percentile(array_normal, 75)

print("\nPercentil 25 del array:")
print(percentil_25)
print("\nPercentil 50 del array:")
print(percentil_50)
print("\nPercentil 75 del array:")
print(percentil_75)
```

Ejercicio 68: Integración con Pandas

Crea un DataFrame con Pandas con 3 columnas y 100 filas, llenando los datos con números enteros aleatorios entre 1 y 100.

Convierte una de las columnas del DataFrame en un array de NumPy.

Encuentra la media y desviación estándar de la columna convertida.

```
import numpy as np
import pandas as pd

# Paso 1: Crear un DataFrame con Pandas con 3 columnas y
100 filas, llenando los datos con números enteros
aleatorios entre 1 y 100
```

```
df = pd.DataFrame(np.random.randint(1, 101, size=(100,
3)), columns=['Columna1', 'Columna2', 'Columna3'])
print("DataFrame:")
print(df)

# Paso 2: Convertir una de las columnas del DataFrame en
un array de NumPy
columna_np = df['Columna1'].to_numpy()
print("\nColumna convertida a array de NumPy:")
print(columna_np)

# Paso 3: Encontrar la media y desviación estándar de la
columna convertida
media_columna = np.mean(columna_np)
desviacion_estandar_columna = np.std(columna_np)

print("\nMedia de la columna convertida:")
print(media_columna)
print("\nDesviación estándar de la columna convertida:")
print(desviacion_estandar_columna)
```

Ejercicio 69: Broadcasting

Crea un array de 1D con los números del 1 al 10.

Crea un array de 2D con tamaño 10x10 donde cada fila es el array de 1D multiplicado por el índice de la fila.

Aplica broadcasting para sumar el array de 1D original a cada fila del array de 2D.

```
import numpy as np

# Paso 1: Crear un array de 1D con los números del 1 al
10
```

```
array_1d = np.arange(1, 11)
print("Array 1D:")
print(array_1d)

# Paso 2: Crear un array de 2D con tamaño 10x10 donde
cada fila es el array de 1D multiplicado por el índice
de la fila
array_2d = np.array([array_1d * i for i in range(10)])
print("\nArray 2D:")
print(array_2d)

# Paso 3: Aplicar broadcasting para sumar el array de 1D
original a cada fila del array de 2D
resultado = array_2d + array_1d
print("\nResultado después de aplicar broadcasting:")
print(resultado)
```

Ejercicio 70: Trabajando con Archivos

Guarda un array de 1D de 50 elementos con números aleatorios en un archivo de texto.

Carga el array desde el archivo de texto en un nuevo array.

Verifica que los arrays son iguales.

```
import numpy as np

# Paso 1: Crear un array de 1D de 50 elementos con
números aleatorios
array_1d = np.random.randint(0, 101, size=50)
print("Array 1D original:")
print(array_1d)
```

```python
# Guardar el array en un archivo de texto
np.savetxt('array.txt', array_1d, fmt='%d')
print("\nArray guardado en 'array.txt'.")

# Cargar el array desde el archivo de texto en un nuevo
array
array_cargado = np.loadtxt('array.txt', dtype=int)
print("\nArray cargado desde 'array.txt':")
print(array_cargado)

# Verificar que los arrays son iguales
iguales = np.array_equal(array_1d, array_cargado)
print("\n¿Los arrays son iguales?", iguales)
```

Ejercicio 71: Indexación Avanzada

1. Crea un array de 2D de tamaño 6x6 con números enteros aleatorios entre 1 y 50.
2. Extrae una submatriz de tamaño 3x3 a partir de la esquina superior izquierda del array original.
3. Reemplaza todos los elementos de la submatriz extraída por el valor 99.

```python
import numpy as np

# Paso 1: Crear un array de 2D de tamaño 6x6 con números
enteros aleatorios entre 1 y 50
array_2d = np.random.randint(1, 51, size=(6, 6))
print("Array 2D original:")
print(array_2d)

# Paso 2: Extraer una submatriz de tamaño 3x3 a partir
de la esquina superior izquierda del array original
submatriz = array_2d[:3, :3]
```

```
print("\nSubmatriz 3x3 extraída:")
print(submatriz)

# Paso 3: Reemplazar todos los elementos de la submatriz
extraída por el valor 99
array_2d[:3, :3] = 99
print("\nArray 2D después de reemplazar elementos de la
submatriz por 99:")
print(array_2d)
```

Ejercicio 72: Más Broadcasting

1. Crea un array de 1D con los números del 1 al 5.
2. Crea una matriz de 2D con tamaño 5x3 donde cada columna es una copia del array de 1D.
3. Multiplica el array 1D por cada fila de la matriz de 2D utilizando broadcasting.

```
import numpy as np

# Paso 1: Crear un array de 1D con los números del 1 al
5
array_1d = np.arange(1, 6)
print("Array 1D:")
print(array_1d)

# Paso 2: Crear una matriz de 2D con tamaño 5x3 donde
cada columna es una copia del array de 1D
array_2d = np.tile(array_1d, (3, 1)).T
print("\nArray 2D (cada columna es una copia del array
de 1D):")
print(array_2d)
```

```
# Paso 3: Multiplicar el array 1D por cada fila de la
matriz de 2D utilizando broadcasting
resultado = array_2d * array_1d[:, np.newaxis]
print("\nResultado después de aplicar broadcasting:")
print(resultado)
```

Ejercicio 73: Manipulación de Ejes

1. Crea un array de 3D con tamaño 4x3x2 con números enteros aleatorios entre 10 y 50.
2. Suma todos los elementos a lo largo del primer eje (eje 0).
3. Encuentra la media de todos los elementos a lo largo del segundo eje (eje 1).

```
import numpy as np

# Paso 1: Crear un array de 3D con tamaño 4x3x2 con
números enteros aleatorios entre 10 y 50
array_3d = np.random.randint(10, 51, size=(4, 3, 2))
print("Array 3D:")
print(array_3d)

# Paso 2: Sumar todos los elementos a lo largo del
primer eje (eje 0)
suma_eje0 = np.sum(array_3d, axis=0)
print("\nSuma de todos los elementos a lo largo del
primer eje (eje 0):")
print(suma_eje0)

# Paso 3: Encontrar la media de todos los elementos a lo
largo del segundo eje (eje 1)
media_eje1 = np.mean(array_3d, axis=1)
```

```
print("\nMedia de todos los elementos a lo largo del
segundo eje (eje 1):")
print(media_eje1)
```

Ejercicio 74: Manipulación de Datos Faltantes

1. Crea un array de 2D con tamaño 5x5 con números aleatorios entre 1 y 10.
2. Introduce valores NaN en posiciones aleatorias del array.
3. Rellena los valores NaN con la media de la columna correspondiente.

```
import numpy as np

# Paso 1: Crear un array de 2D con tamaño 5x5 con
números aleatorios entre 1 y 10
array_2d = np.random.randint(1, 11, size=(5,
5)).astype(float)
print("Array 2D original:")
print(array_2d)

# Paso 2: Introducir valores NaN en posiciones
aleatorias del array
num_nan = 5  # Número de valores NaN a introducir
nan_indices = (np.random.randint(0, 5, num_nan),
np.random.randint(0, 5, num_nan))
array_2d[nan_indices] = np.nan
print("\nArray 2D con valores NaN:")
print(array_2d)

# Paso 3: Rellenar los valores NaN con la media de la
columna correspondiente
```

```
for i in range(array_2d.shape[1]):
    col_mean = np.nanmean(array_2d[:, i])
    array_2d[np.isnan(array_2d[:, i]), i] = col_mean

print("\nArray 2D después de rellenar valores NaN con la
media de la columna correspondiente:")
print(array_2d)
```

Ejercicio 75: Operaciones en la Diagonal

1. Crea una matriz de 5x5 con números enteros aleatorios entre 1 y 20.
2. Extrae la diagonal principal de la matriz.
3. Suma los elementos de la diagonal principal.

```
import numpy as np

# Paso 1: Crear una matriz de 5x5 con números enteros
aleatorios entre 1 y 20
matriz = np.random.randint(1, 21, size=(5, 5))
print("Matriz 5x5:")
print(matriz)

# Paso 2: Extraer la diagonal principal de la matriz
diagonal_principal = np.diag(matriz)
print("\nDiagonal principal de la matriz:")
print(diagonal_principal)

# Paso 3: Sumar los elementos de la diagonal principal
suma_diagonal = np.sum(diagonal_principal)
print("\nSuma de los elementos de la diagonal
principal:")
```

```
print(suma_diagonal)
```

Ejercicio 76: Operaciones en Matrices

1. Crea dos matrices de 2D de tamaño 4x4 con números enteros aleatorios entre 1 y 10.
2. Calcula el producto matricial de las dos matrices.
3. Encuentra la inversa de la matriz resultante (si existe).

```
import numpy as np

# Paso 1: Crear dos matrices de 2D de tamaño 4x4 con
números enteros aleatorios entre 1 y 10
matriz1 = np.random.randint(1, 11, size=(4, 4))
matriz2 = np.random.randint(1, 11, size=(4, 4))

print("Matriz 1:")
print(matriz1)

print("\nMatriz 2:")
print(matriz2)

# Paso 2: Calcular el producto matricial de las dos
matrices
producto_matricial = np.dot(matriz1, matriz2)
print("\nProducto matricial de Matriz 1 y Matriz 2:")
print(producto_matricial)

# Paso 3: Encontrar la inversa de la matriz resultante
(si existe)
try:
    inversa_producto = np.linalg.inv(producto_matricial)
    print("\nInversa de la matriz resultante:")
    print(inversa_producto)
```

```
except np.linalg.LinAlgError:
    print("\nLa matriz resultante no tiene inversa.")
```

Ejercicio 77: Funciones de Agregación

1. Crea un array de 2D de tamaño 7x7 con números enteros aleatorios entre 0 y 100.
2. Encuentra la suma acumulativa a lo largo del eje 1 (filas).
3. Encuentra el producto acumulativo a lo largo del eje 0 (columnas).

```
import numpy as np

# Paso 1: Crear un array de 2D de tamaño 7x7 con números
enteros aleatorios entre 0 y 100
array_2d = np.random.randint(0, 101, size=(7, 7))
print("Array 2D:")
print(array_2d)

# Paso 2: Encontrar la suma acumulativa a lo largo del
eje 1 (filas)
suma_acumulativa_filas = np.cumsum(array_2d, axis=1)
print("\nSuma acumulativa a lo largo del eje 1
(filas):")
print(suma_acumulativa_filas)

# Paso 3: Encontrar el producto acumulativo a lo largo
del eje 0 (columnas)
producto_acumulativo_columnas = np.cumprod(array_2d,
axis=0)
print("\nProducto acumulativo a lo largo del eje 0
(columnas):")
print(producto_acumulativo_columnas))
```

Ejercicio 78: Cálculo de Distancias

1. Crea un array de 2D de tamaño 5x2 con coordenadas aleatorias en un plano.
2. Calcula la distancia euclidiana entre cada par de puntos utilizando la fórmula de distancia euclidiana.
3. Encuentra el par de puntos que están más cercanos entre sí.

```
import numpy as np
from scipy.spatial.distance import cdist

# Paso 1: Crear un array de 2D de tamaño 5x2 con
coordenadas aleatorias en un plano
coordenadas = np.random.rand(5, 2) * 100
print("Coordenadas (5 puntos en un plano):")
print(coordenadas)

# Paso 2: Calcular la distancia euclidiana entre cada
par de puntos utilizando la fórmula de distancia
euclidiana
distancias = cdist(coordenadas, coordenadas,
metric='euclidean')
print("\nMatriz de distancias euclidianas entre cada par
de puntos:")
print(distancias)

# Paso 3: Encontrar el par de puntos que están más
cercanos entre sí
# Ignoramos las distancias de la diagonal principal (que
son 0)
np.fill_diagonal(distancias, np.inf)
min_distancia_indices =
np.unravel_index(np.argmin(distancias),
distancias.shape)
```

```
punto1, punto2 = min_distancia_indices

print("\nPar de puntos más cercanos entre sí:")
print(f"Punto 1: {coordenadas[punto1]}")
print(f"Punto 2: {coordenadas[punto2]}")
print(f"Distancia: {distancias[punto1, punto2]}")
```

Ejercicio 79: Transformaciones de Datos

1. Crea un array de 1D con 1000 valores enteros aleatorios entre 1 y 50.
2. Encuentra el logaritmo natural de cada elemento del array.
3. Encuentra el valor máximo y mínimo del array transformado.

```
import numpy as np

# Paso 1: Crear un array de 1D con 1000 valores enteros
aleatorios entre 1 y 50
array_1d = np.random.randint(1, 51, size=1000)
print("Array original:")
print(array_1d)

# Paso 2: Encontrar el logaritmo natural de cada
elemento del array
array_log = np.log(array_1d)
print("\nArray transformado (logaritmo natural):")
print(array_log)

# Paso 3: Encontrar el valor máximo y mínimo del array
transformado
max_log = np.max(array_log)
min_log = np.min(array_log)
```

```
print("\nValor máximo del array transformado:")
print(max_log)

print("\nValor mínimo del array transformado:")
print(min_log)
```

Ejercicio 80: Operaciones con Múltiples Arrays

1. Crea tres arrays de 1D de tamaño 10 con números enteros aleatorios entre 5 y 15.
2. Encuentra la media de los tres arrays a lo largo de un nuevo eje.
3. Realiza una operación de suma y resta entre los tres arrays y muestra los resultados.

```
import numpy as np

# Paso 1: Crear tres arrays de 1D de tamaño 10 con
números enteros aleatorios entre 5 y 15
array1 = np.random.randint(5, 16, size=10)
array2 = np.random.randint(5, 16, size=10)
array3 = np.random.randint(5, 16, size=10)

print("Array 1:")
print(array1)

print("\nArray 2:")
print(array2)

print("\nArray 3:")
print(array3)
```

```
# Paso 2: Encontrar la media de los tres arrays a lo
largo de un nuevo eje
arrays_apilados = np.stack([array1, array2, array3])
media_a_lo_largo_del_nuevo_eje =
np.mean(arrays_apilados, axis=0)
print("\nMedia de los tres arrays a lo largo de un nuevo
eje:")
print(media_a_lo_largo_del_nuevo_eje)

# Paso 3: Realizar una operación de suma y resta entre
los tres arrays
suma = array1 + array2 + array3
resta = array1 - array2 - array3

print("\nSuma de los tres arrays:")
print(suma)

print("\nResta de los tres arrays:")
print(resta)
```

Ejercicio 81: Transformaciones de Forma

Descripción: Crea un array de 3D con tamaño 4x4x4 con números enteros aleatorios entre 1 y 20. Cambia la forma del array a 2D con tamaño 16x4 y luego vuelve a su forma original.

```
import numpy as np

# Paso 1: Crear un array de 3D con tamaño 4x4x4 con
números enteros aleatorios entre 1 y 20
array_3d = np.random.randint(1, 21, size=(4, 4, 4))
print("Array 3D original:")
```

```
print(array_3d)

# Paso 2: Cambiar la forma del array a 2D con tamaño
16x4
array_2d = array_3d.reshape(16, 4)
print("\nArray 2D (16x4) después de la transformación:")
print(array_2d)

# Paso 3: Volver a la forma original de 3D
array_3d_reformado = array_2d.reshape(4, 4, 4)
print("\nArray 3D después de volver a la forma
original:")
print(array_3d_reformado)

# Verificar que el array reformado es igual al array
original
print("\nEl array 3D reformado es igual al array 3D
original:")
print(np.array_equal(array_3d, array_3d_reformado))
```

Ejercicio 82: Manipulación Avanzada de Índices

Descripción: Crea un array de 2D con tamaño 6x6 con números enteros aleatorios entre 10 y 50. Extrae las filas y columnas que contengan valores mayores a 30, y crea un nuevo array con esos valores.

```
import numpy as np

# Paso 1: Crear un array de 2D con tamaño 6x6 con
números enteros aleatorios entre 10 y 50
array_2d = np.random.randint(10, 51, size=(6, 6))
print("Array 2D original:")
print(array_2d)
```

```python
# Paso 2: Crear una máscara booleana para valores
mayores a 30
mask = array_2d > 30

# Extraer las filas y columnas que contengan valores
mayores a 30
# Filas con valores mayores a 30
filas_con_valores_mayores_a_30 = array_2d[np.any(mask,
axis=1)]
print("\nFilas con valores mayores a 30:")
print(filas_con_valores_mayores_a_30)

# Columnas con valores mayores a 30
columnas_con_valores_mayores_a_30 = array_2d[:,
np.any(mask, axis=0)]
print("\nColumnas con valores mayores a 30:")
print(columnas_con_valores_mayores_a_30)

# Paso 3: Crear un nuevo array con los valores de las
filas y columnas extraídas
nuevo_array =
columnas_con_valores_mayores_a_30[np.any(columnas_con_va
lores_mayores_a_30 > 30, axis=1)]
print("\nNuevo array con los valores de las filas y
columnas extraídas:")
print(nuevo_array)
```

Ejercicio 83: Estadísticas Descriptivas

Descripción: Crea un array de 2D de tamaño 8x8 con números enteros aleatorios entre 1 y 100. Calcula la varianza y la desviación estándar de todos los elementos del array. Luego, encuentra los valores máximos y mínimos por fila y por columna.

```python
import numpy as np

# Paso 1: Crear un array de 2D de tamaño 8x8 con números
enteros aleatorios entre 1 y 100
array_2d = np.random.randint(1, 101, size=(8, 8))
print("Array 2D original:")
print(array_2d)

# Paso 2: Calcular la varianza y la desviación estándar
de todos los elementos del array
varianza_total = np.var(array_2d)
desviacion_estandar_total = np.std(array_2d)
print("\nVarianza de todos los elementos del array:")
print(varianza_total)
print("\nDesviación estándar de todos los elementos del
array:")
print(desviacion_estandar_total)

# Paso 3: Encontrar los valores máximos y mínimos por
fila
maximos_por_fila = np.max(array_2d, axis=1)
minimos_por_fila = np.min(array_2d, axis=1)
print("\nValores máximos por fila:")
print(maximos_por_fila)
print("\nValores mínimos por fila:")
print(minimos_por_fila)

# Paso 4: Encontrar los valores máximos y mínimos por
columna
maximos_por_columna = np.max(array_2d, axis=0)
minimos_por_columna = np.min(array_2d, axis=0)
print("\nValores máximos por columna:")
print(maximos_por_columna)
print("\nValores mínimos por columna:")
print(minimos_por_columna)
```

Ejercicio 84: Interpolación

Descripción: Crea un array de 1D con 10 valores igualmente espaciados entre 0 y 10. Interpola 20 valores entre estos puntos usando una interpolación lineal.

```
import numpy as np
import matplotlib.pyplot as plt
from scipy.interpolate import interp1d

# Paso 1: Crear un array de 1D con 10 valores igualmente
espaciados entre 0 y 10
x = np.linspace(0, 10, 10)
y = np.sin(x)   # Puedes usar cualquier función o datos
para y
print("Valores originales (x):")
print(x)
print("Valores originales (y):")
print(y)

# Paso 2: Interpolar 20 valores entre estos puntos
usando interpolación lineal
# Crear una función de interpolación
interp_func = interp1d(x, y, kind='linear')

# Nuevos puntos para interpolar
x_new = np.linspace(0, 10, 20)
y_new = interp_func(x_new)

print("\nNuevos puntos (x):")
print(x_new)
print("Nuevos puntos (y):")
print(y_new)
```

```python
# Paso 3: Graficar los resultados
plt.figure(figsize=(10, 6))
plt.plot(x, y, 'o', label='Datos originales')
plt.plot(x_new, y_new, '-', label='Interpolación
lineal')
plt.xlabel('x')
plt.ylabel('y')
plt.title('Interpolación Lineal')
plt.legend()
plt.grid(True)
plt.show()
```

Ejercicio 85: Operaciones con Máscaras

Descripción: Crea un array de 2D de tamaño 5x5 con números enteros aleatorios entre 0 y 100. Crea una máscara booleana que sea True para los valores mayores a 50 y False para el resto. Usa esta máscara para reemplazar los valores mayores a 50 por 0.

```python
import numpy as np

# Paso 1: Crear un array de 2D de tamaño 5x5 con números
enteros aleatorios entre 0 y 100
array_2d = np.random.randint(0, 101, size=(5, 5))
print("Array 2D original:")
print(array_2d)

# Paso 2: Crear una máscara booleana que sea True para
los valores mayores a 50
mascara = array_2d > 50
print("\nMáscara booleana (True para valores mayores a
50):")
print(mascara)
```

```
# Paso 3: Usar la máscara para reemplazar los valores
mayores a 50 por 0
array_2d[mascara] = 0
print("\nArray 2D después de reemplazar los valores
mayores a 50 por 0:")
print(array_2d)
```

Ejercicio 86: Ordenación Avanzada

Descripción: Crea un array de 1D con 20 valores aleatorios. Ordena el array en orden descendente. Luego, ordena el array en orden descendente en grupos de 5 elementos (es decir, cada grupo de 5 elementos debe estar ordenado en orden descendente).

```
import numpy as np

# Paso 1: Crear un array de 1D con 20 valores aleatorios
array_1d = np.random.randint(1, 101, size=20)
print("Array 1D original:")
print(array_1d)

# Paso 2: Ordenar el array en orden descendente
array_ordenado = np.sort(array_1d)[::-1]
print("\nArray ordenado en orden descendente:")
print(array_ordenado)

# Paso 3: Ordenar el array en grupos de 5 elementos en
orden descendente
# Primero, asegurarse de que el array tenga la longitud
adecuada para dividir en grupos de 5
array_1d = np.random.randint(1, 101, size=20)
print("\nArray 1D original para ordenación en grupos de
5 elementos:")
print(array_1d)
```

```python
# Dividir el array en grupos de 5 elementos
grupos = array_1d.reshape(-1, 5)

# Ordenar cada grupo en orden descendente
grupos_ordenados = np.sort(grupos, axis=1)[:, ::-1]

# Volver a juntar los grupos en un solo array
array_ordenado_en_grupos = grupos_ordenados.flatten()
print("\nArray ordenado en grupos de 5 elementos en orden descendente:")
print(array_ordenado_en_grupos)
```

Ejercicio 87: Producto y Suma de Arrays

Descripción: Crea dos arrays de 1D con 15 valores aleatorios entre 1 y 20. Calcula el producto elemento a elemento y la suma elemento a elemento de los dos arrays.

```python
import numpy as np

# Paso 1: Crear dos arrays de 1D con 15 valores aleatorios entre 1 y 20
array1 = np.random.randint(1, 21, size=15)
array2 = np.random.randint(1, 21, size=15)
print("Array 1:")
print(array1)
print("\nArray 2:")
print(array2)

# Paso 2: Calcular el producto elemento a elemento de los dos arrays
producto_elemento_a_elemento = array1 * array2
print("\nProducto elemento a elemento:")
print(producto_elemento_a_elemento)
```

```
# Paso 3: Calcular la suma elemento a elemento de los
dos arrays
suma_elemento_a_elemento = array1 + array2
print("\nSuma elemento a elemento:")
print(suma_elemento_a_elemento)
```

Ejercicio 88: Operaciones con Datos Faltantes

Descripción: Crea un array de 2D de tamaño 4x5 con números aleatorios entre 1 y 20, e introduce valores NaN en algunas posiciones aleatorias. Rellena los valores NaN usando la interpolación lineal a lo largo de las filas.

```
import numpy as np
import pandas as pd
from scipy.interpolate import interp1d

# Paso 1: Crear un array de 2D de tamaño 4x5 con números
aleatorios entre 1 y 20
array_2d = np.random.randint(1, 21, size=(4,
5)).astype(float)
print("Array 2D original:")
print(array_2d)

# Paso 2: Introducir valores NaN en algunas posiciones
aleatorias
num_nan = 8  # Número de valores NaN a introducir
nan_indices = (np.random.randint(0, 4, num_nan),
np.random.randint(0, 5, num_nan))
array_2d[nan_indices] = np.nan
print("\nArray 2D con valores NaN:")
print(array_2d)

# Paso 3: Rellenar los valores NaN usando la
interpolación lineal a lo largo de las filas
```

```
# Convertir el array en un DataFrame de pandas para usar
la interpolación
df = pd.DataFrame(array_2d)

# Interpolación lineal a lo largo de las filas (axis=1)
df_interpolado = df.interpolate(axis=1)

# Convertir el DataFrame de vuelta a un array de NumPy
array_interpolado = df_interpolado.to_numpy()
print("\nArray 2D después de rellenar valores NaN con
interpolación lineal a lo largo de las filas:")
print(array_interpolado)
```

Ejercicio 89: Aplicación de Funciones

Descripción: Crea un array de 1D con 100 valores igualmente espaciados entre -π y π. Aplica las funciones sin, cos, y tan a los elementos del array. Luego, crea un nuevo array con las sumas de sin y cos para cada elemento.

```
import numpy as np

# Paso 1: Crear un array de 1D con 100 valores
igualmente espaciados entre -π y π
array_1d = np.linspace(-np.pi, np.pi, 100)
print("Array 1D:")
print(array_1d)

# Paso 2: Aplicar las funciones sin, cos, y tan a los
elementos del array
sin_array = np.sin(array_1d)
cos_array = np.cos(array_1d)
tan_array = np.tan(array_1d)
```

```
print("\nArray después de aplicar sin:")
print(sin_array)
print("\nArray después de aplicar cos:")
print(cos_array)
print("\nArray después de aplicar tan:")
print(tan_array)

# Paso 3: Crear un nuevo array con las sumas de sin y
cos para cada elemento
suma_sin_cos = sin_array + cos_array
print("\nArray con las sumas de sin y cos:")
print(suma_sin_cos)
```

Ejercicio 90: Reducción a lo Largo de Ejes

Descripción: Crea un array de 3D de tamaño 3x4x5 con números enteros aleatorios entre 1 y 10. Realiza las siguientes operaciones: suma a lo largo del eje 0, media a lo largo del eje 1, y producto a lo largo del eje 2.

```
import numpy as np

# Paso 1: Crear un array de 3D de tamaño 3x4x5 con
números enteros aleatorios entre 1 y 10
array_3d = np.random.randint(1, 11, size=(3, 4, 5))
print("Array 3D original:")
print(array_3d)

# Paso 2: Realizar la suma a lo largo del eje 0
suma_eje_0 = np.sum(array_3d, axis=0)
print("\nSuma a lo largo del eje 0:")
print(suma_eje_0)

# Paso 3: Realizar la media a lo largo del eje 1
media_eje_1 = np.mean(array_3d, axis=1)
```

```
print("\nMedia a lo largo del eje 1:")
print(media_eje_1)

# Paso 4: Realizar el producto a lo largo del eje 2
producto_eje_2 = np.prod(array_3d, axis=2)
print("\nProducto a lo largo del eje 2:")
print(producto_eje_2)
```

91: Operaciones de Transformación de Datos

Descripción: Crea un array de 3D de tamaño 4x4x4 con números enteros aleatorios entre 1 y 20. Aplica una transformación que escale los valores a un rango entre 0 y 1 y luego realiza una operación de umbralización para convertir todos los valores mayores a 0.5 en 1 y los demás en 0.

```
import numpy as np

# Paso 1: Crear un array de 3D de tamaño 4x4x4 con
números enteros aleatorios entre 1 y 20
array_3d = np.random.randint(1, 21, size=(4, 4, 4))
print("Array 3D original:")
print(array_3d)

# Paso 2: Escalar los valores a un rango entre 0 y 1
# La fórmula para escalar es: (valor - min) / (max - min)
min_val = np.min(array_3d)
max_val = np.max(array_3d)
scaled_array = (array_3d - min_val) / (max_val - min_val)
print("\nArray escalado a un rango entre 0 y 1:")
```

```
print(scaled_array)

# Paso 3: Realizar una operación de umbralización para
convertir todos los valores mayores a 0.5 en 1 y los
demás en 0
thresholded_array = np.where(scaled_array > 0.5, 1, 0)
print("\nArray después de aplicar umbralización:")
print(thresholded_array)
```

Ejercicio 92: Agrupación y Estadísticas

Descripción: Crea un array de 2D de tamaño 10x10 con números enteros aleatorios entre 1 y 100. Divide el array en bloques de 2x2 y calcula la media de cada bloque. Crea un nuevo array que contenga estas medias.

```
import numpy as np

# Paso 1: Crear un array de 2D de tamaño 10x10 con
números enteros aleatorios entre 1 y 100
array_2d = np.random.randint(1, 101, size=(10, 10))
print("Array 2D original:")
print(array_2d)

# Paso 2: Dividir el array en bloques de 2x2 y calcular
la media de cada bloque
# Usaremos la función `view` para ver el array en
bloques de 2x2
# Luego aplicamos `np.mean` en cada bloque

# Cambiar la forma del array para que tenga una
dimensión adicional para los bloques
```

```
reshaped_array = array_2d.reshape(5, 2, 5, 2)
print("\nArray reorganizado en bloques de 2x2:")
print(reshaped_array)

# Calcular la media de cada bloque de 2x2
mean_blocks = reshaped_array.mean(axis=(1, 3))
print("\nArray con las medias de los bloques de 2x2:")
print(mean_blocks)
```

Ejercicio 93: Operaciones Avanzadas con Broadcasting

Descripción: Crea un array de 2D de tamaño 6x6 con números enteros aleatorios entre 1 y 10. Crea un array de 1D de tamaño 6 y realiza una operación de multiplicación de matrices con broadcasting entre el array 2D y el array 1D.

```
import numpy as np

# Paso 1: Crear un array de 2D de tamaño 6x6 con números
enteros aleatorios entre 1 y 10
array_2d = np.random.randint(1, 11, size=(6, 6))
print("Array 2D original:")
print(array_2d)

# Paso 2: Crear un array de 1D de tamaño 6 con números
enteros aleatorios entre 1 y 10
array_1d = np.random.randint(1, 11, size=6)
print("\nArray 1D:")
print(array_1d)

# Paso 3: Realizar una operación de multiplicación de
matrices con broadcasting
```

```
# La multiplicación se realizará fila a fila,
multiplicando cada elemento de una fila del array 2D por
el correspondiente elemento del array 1D
result = array_2d * array_1d
print("\nResultado de la multiplicación con
broadcasting:")
print(result)
```

Ejercicio 94: Descomposición en Valores Singulares (SVD)

Descripción: Crea una matriz de 4x4 con números enteros aleatorios entre 1 y 10. Realiza una descomposición en valores singulares (SVD) y muestra las matrices U, S y V^T resultantes.

```
import numpy as np

# Paso 1: Crear una matriz de 4x4 con números enteros
aleatorios entre 1 y 10
matriz = np.random.randint(1, 11, size=(4, 4))
print("Matriz original:")
print(matriz)

# Paso 2: Realizar la descomposición en valores
singulares (SVD)
U, S, Vt = np.linalg.svd(matriz)

# Convertir S a una matriz diagonal
S_matrix = np.zeros((4, 4))
S_matrix[:len(S), :len(S)] = np.diag(S)

# Mostrar las matrices resultantes
```

```
print("\nMatriz U:")
print(U)

print("\nMatriz S (diagonal):")
print(S_matrix)

print("\nMatriz V^T:")
print(Vt)
```

Ejercicio 95: Aplicación de Funciones Personalizadas

Descripción: Crea un array de 1D con 200 valores igualmente espaciados entre -2π y 2π. Define una función personalizada que calcule el valor de una función matemática compleja (por ejemplo, $f(x) = \sin(x) + \cos(2x) - \tan(x)$) y aplícala a cada elemento del array.

```
import numpy as np

# Paso 1: Crear un array de 1D con 200 valores
igualmente espaciados entre -2π y 2π
x = np.linspace(-2 * np.pi, 2 * np.pi, 200)
print("Array de 1D con valores igualmente espaciados
entre -2π y 2π:")
print(x)

# Paso 2: Definir una función personalizada que calcule
f(x) = sin(x) + cos(2x) - tan(x)
def custom_function(x):
```

```
    return np.sin(x) + np.cos(2 * x) - np.tan(x)

# Paso 3: Aplicar la función personalizada a cada
elemento del array
result = custom_function(x)
print("\nResultado de aplicar la función
personalizada:")
print(result)

# Opcional: Graficar el resultado para visualizar
import matplotlib.pyplot as plt

plt.plot(x, result, label='f(x) = sin(x) + cos(2x) -
tan(x)')
plt.xlabel('x')
plt.ylabel('f(x)')
plt.title('Aplicación de la Función Personalizada')
plt.legend()
plt.grid(True)
plt.show()
```

Ejercicio 96: Interpolación en 2D

Descripción: Crea un array de 2D de tamaño 5x5 con números enteros aleatorios entre 0 y 10. Introduce valores NaN en algunas posiciones. Usa la interpolación en 2D para rellenar los valores NaN basados en los valores vecinos.

```
import numpy as np
from scipy import interpolate
import matplotlib.pyplot as plt
```

```python
# Paso 1: Crear un array de 2D de tamaño 5x5 con números
enteros aleatorios entre 0 y 10
array_2d = np.random.randint(0, 11, size=(5,
5)).astype(float)
print("Array 2D original:")
print(array_2d)

# Paso 2: Introducir valores NaN en algunas posiciones
aleatorias
num_nan = 7  # Número de valores NaN a introducir
nan_indices = (np.random.randint(0, 5, num_nan),
np.random.randint(0, 5, num_nan))
array_2d[nan_indices] = np.nan
print("\nArray 2D con valores NaN:")
print(array_2d)

# Paso 3: Interpolación en 2D para rellenar los valores
NaN basados en los valores vecinos
# Crear una malla de coordenadas para el array
x, y = np.arange(array_2d.shape[0]),
np.arange(array_2d.shape[1])
x_grid, y_grid = np.meshgrid(x, y)

# Crear una máscara booleana para los valores no NaN
mask = ~np.isnan(array_2d)

# Crear la función de interpolación utilizando los datos
no NaN
interp_func = interpolate.interp2d(y_grid[mask],
x_grid[mask], array_2d[mask], kind='linear',
bounds_error=False, fill_value=None)

# Rellenar los valores NaN
filled_array = array_2d.copy()
nan_indices = np.isnan(array_2d)
filled_array[nan_indices] =
interp_func(np.where(nan_indices)[1],
np.where(nan_indices)[0])
```

```
print("\nArray 2D después de interpolación:")
print(filled_array)

# Opcional: Graficar el resultado para visualizar la
interpolación
plt.figure(figsize=(8, 6))
plt.imshow(filled_array, cmap='viridis',
interpolation='none')
plt.colorbar()
plt.title('Array 2D después de interpolación')
plt.show()
```

Ejercicio 97: Creación de Matrices Diagonales

Descripción: Crea una matriz de tamaño 6x6 con valores aleatorios en la diagonal principal, y con ceros en el resto. Luego, genera una matriz diagonal usando np.diag a partir de un array de 1D de tamaño 6.

```
import numpy as np

# Paso 1: Crear una matriz de tamaño 6x6 con valores
aleatorios en la diagonal principal, y con ceros en el
resto
size = 6
diagonal_values = np.random.randint(1, 10, size=size)  #
Valores aleatorios para la diagonal principal
matrix = np.zeros((size, size), dtype=int)
np.fill_diagonal(matrix, diagonal_values)
print("Matriz con valores aleatorios en la diagonal
principal:")
print(matrix)
```

```
# Paso 2: Generar una matriz diagonal usando np.diag a
partir de un array de 1D de tamaño 6
array_1d = np.random.randint(1, 10, size=size)   #
Valores aleatorios para la matriz diagonal
diagonal_matrix = np.diag(array_1d)
print("\nMatriz diagonal generada a partir del array de
1D:")
print(diagonal_matrix)
```

Ejercicio 98: Cálculo de Distancias en 3D

Descripción: Crea un array de 3D de tamaño 4x4x4 con coordenadas aleatorias en un espacio tridimensional. Calcula la distancia euclidiana entre todos los pares de puntos en el array.

```
import numpy as np
from scipy.spatial.distance import pdist, squareform

# Paso 1: Crear un array de 3D de tamaño 4x4x4 con
coordenadas aleatorias en un espacio tridimensional
size = 4
coordinates = np.random.randint(0, 100, size=(size,
size, size, 3))
print("Coordenadas aleatorias en 3D:")
print(coordinates)

# Paso 2: Aplanar el array 3D a un array 2D de tamaño
(64, 3) para calcular las distancias
# Reshape the 3D array to 2D where each row represents a
point in 3D space
points = coordinates.reshape(-1, 3)
print("\nPuntos en 3D (reshape a 2D):")
print(points)
```

```
# Paso 3: Calcular la distancia euclidiana entre todos
los pares de puntos
distances = pdist(points, metric='euclidean')

# Convertir la matriz de distancias a una forma de
matriz cuadrada (opcional, para mejor visualización)
distance_matrix = squareform(distances)

print("\nMatriz de distancias euclidianas entre todos
los pares de puntos:")
print(distance_matrix)
```

Ejercicio 99: Cálculo del Determinante de Matrices Grandes

Descripción: Crea una matriz de tamaño 10x10 con números enteros aleatorios entre 1 y 20. Calcula el determinante de la matriz y verifica la estabilidad numérica usando np.linalg.cond.

```
import numpy as np

# Paso 1: Crear una matriz de tamaño 10x10 con números
enteros aleatorios entre 1 y 20
size = 10
matrix = np.random.randint(1, 21, size=(size, size))
print("Matriz 10x10 con números enteros aleatorios:")
print(matrix)

# Paso 2: Calcular el determinante de la matriz
determinant = np.linalg.det(matrix)
print("\nDeterminante de la matriz:")
print(determinant)

# Paso 3: Verificar la estabilidad numérica usando
np.linalg.cond
```

```
condition_number = np.linalg.cond(matrix)
print("\nNúmero de condición de la matriz (indicador de
estabilidad numérica):")
print(condition_number)
```

Ejercicio 100: Optimización de Cálculo de Producto de Matrices

Descripción: Crea dos matrices grandes (por ejemplo, 100x100) con números enteros aleatorios entre 1 y 10. Calcula el producto matricial de las dos matrices y compara el tiempo de cálculo utilizando diferentes métodos de multiplicación.

```
import numpy as np
import time

# Paso 1: Crear dos matrices grandes de tamaño 100x100
con números enteros aleatorios entre 1 y 10
size = 100
matrix1 = np.random.randint(1, 11, size=(size, size))
matrix2 = np.random.randint(1, 11, size=(size, size))

# Paso 2: Calcular el producto matricial usando el
operador `@` (o np.dot)
start_time = time.time()
product_operator = matrix1 @ matrix2
time_operator = time.time() - start_time
print("Tiempo de cálculo usando el operador `@`:",
time_operator, "segundos")

# Paso 3: Calcular el producto matricial usando np.dot
start_time = time.time()
```

```
product_dot = np.dot(matrix1, matrix2)
time_dot = time.time() - start_time
print("Tiempo de cálculo usando np.dot:", time_dot,
"segundos")

# Paso 4: Comparar los resultados y tiempos
print("\nLos resultados son iguales:",
np.allclose(product_operator, product_dot))
```

www.ingramcontent.com/pod-product-compliance
Lightning Source LLC
Chambersburg PA
CBHW071933210526
45479CB00002B/666